PETRA VOMBERG

ECHNATONS GROSSER SONNENGESANG

AIDA
Archäologie, Inschriften und Denkmäler Altägyptens

Band 5

herausgegeben von
Christian E. Loeben und Orell Witthuhn

Petra Vomberg

Echnatons Großer Sonnengesang
Eine Analyse mit Nachdichtung

Mit ergänzenden Beiträgen von
Kerstin Maiwald und Florian Lippke
sowie mit zahlreichen Aufnahmen der
Verfasserin aus dem heutigen Ägypten

Verlag Marie Leidorf GmbH · Rahden/Westf.
2022

80 Seiten mit 47 Abbildungen

Bibliografische Informationen der Deutschen Nationalbibliothek

Vomberg, Petra:
Echnatons Großer Sonnengesang. Eine Analyse mit Nachdichtung. Mit ergänzenden Beiträgen von Kerstin Maiwald und Florian Lippke sowie mit zahlreichen Aufnahmen der Verfasserin aus dem heutigen Ägypten / von Petra Vomberg.
Rahden/Westf. : Leidorf, 2022
(Archäologie, Inschriften und Denkmäler Altägyptens ; Bd. 5)
ISBN 978-3-86757-535-5

Die Deutsche Bibliothek verzeichnet diese Publikation in der Deutschen Nationalbibliografie.
Detaillierte bibliografische Daten sind im Internet über http://dnb.d-nb.de abrufbar.

Gedruckt auf alterungsbeständigem Papier

Verlag Marie Leidorf GmbH
Geschäftsführer: Dr. Bert Wiegel
Stellerloh 65 · D–32369 Rahden/Westf.
Tel.: +49/(0)5771/ 9510-74
Fax: +49/(0)5771/ 9510-75
E-Mail: info@vml.de
Internet: http://www.vml.de

ISBN 978-3-86757-535-5
ISSN 2192-2349

Redaktion, Satz, Layout und Bildnachbearbeitung: Orell Witthuhn, Herzberg am Harz

Inhalt

Der „Gottesvater“ Eje und seine Frau Tiji sind in dieser Darstellung kniend und mit erhobenen Händen gezeigt. In den Textkolumnen über ihnen steht die lange Version des Sonnengesang, die nur hier im Grab des Eje (TA 25) belegt ist. Der Grabherr ist der Rezitator der Lobpreisung, wie an der Zitierungsanweisung „er sagt“ deutlich wird. Er wendet sich direkt an Aton, Echnaton und Nofretete. Darüber hinaus kommt durch die Benutzung der 1. Person Singular in Vers 103 die Zuschreibung an Echnaton selbst als Sprecher / Rezitator des Sonnengesangs in Betracht.

Einleitung

Die Übersetzung des Sonnengesangs Echnatons, der im Grab des Eje in Amarna (Süd-Gruppe Nr. 25) im Türdurchgang des Grabeingangs (Abb. S. 6 u. 8) gefunden wurde, und die Beschäftigung und Auseinandersetzung mit diesem Text, blickt auf eine lange Tradition zurück. Bereits kurz nach seiner ersten Veröffentlichung im Jahre 1884 durch den Ägyptologen U. Bouriant[I] erfuhr der Text erhöhte Aufmerksamkeit, die bis heute nicht nachgelassen hat und sich in zahlreichen Übersetzungen ausdrückt. Zu den bekanntesten Übertragungen zählen die von James Henry Breasted, in seiner *Geschichte Aegyptens* vorgelegten und von Hermann Ranke übersetzt, die Fassung Jan Assmanns in den *Ägyptischen Hymnen und Gebeten* und die Erik Hornungs in *Die Religion des Lichts* und die jüngst erschienenen Übersetzungen von Christian Bayer, *Sonnenhymnen* bzw. Hermann Alexander Schlögl, *Die Weisheit Ägyptens* [II]. Das Interesse an diesem Text spiegelt dessen Dichte und Einmaligkeit wieder, die in konzeptionellen, theologischen und poetischen Versen das Gedankengut einer ganzen, wenn auch kurzen, Epoche einfängt. Innerhalb der Amarnazeit ist der Entwurf dieses Großen Sonnengesangs in die Zeit zwischen dem 5. und 9. Regierungsjahr anzusetzen, da zu Beginn des Textes die frühen Formen der Aton-Kartuschen genannt werden. Dies lässt darauf schließen, dass die Entwicklung und Prägung der neuen Religion bereits früh eine nahezu vollendete Form gefunden haben. Somit ist die Vorstellung eines Religionsstifters durchaus denkbar, denn die Kürze der Zeit und die Prägnanz der Gedanken mögen auf einen weitsichtigen und überzeugenden Kopf zurückgehen. Ob Echnaton tatsächlich dieser Stifter war oder ob sich innerhalb der Palaststruktur eine Elite um den neuen König formierte, die ihn zu dieser neuen Religion begeisterte und zur Schlüsselfigur erhob, muss derzeit unbeantwortet bleiben. Festzuhalten ist, dass Echnaton und mit ihm Nofretete und der Gott Aton das Zentrum dieser neuen Religion sind, die allerdings schon unter Amenophis III. erste Spuren hinterließ.

Den zahlreichen Übersetzungen noch eine weitere hinzuzufügen, erscheint auf den ersten Blick nicht notwendig oder erforderlich zu sein; jedoch konzentrieren sich die meisten Übersetzungen auf die Wiedergabe und Interpretation des Textes, ohne den poetischen Gehalt des Sonnenhymnus in der Übersetzung deutlich herauszustellen. Seine Bedeutung und Stellung wird erst in nachträglichen Kommentaren hervorgehoben. Die Übersetzungen bleiben, da sie sehr an den altägyptischen Text angelehnt sind, oft hölzern und weit entfernt von der dichterischen Qualität des Originals. So erfährt der Sonnengesang in seiner Übersetzung eine Qualitätsminderung, die zwar gut begründet ist, da viele Schwierigkeiten und Hürden den Text in der Hand der Philologen noch nicht geschmeidig gemacht haben, die aber negativ auf den Ausgangstext zurückfallen.

Das Faksimile des 13 Kolumnen langen Textes aus dem Grab des Eje (TA 25) stammt aus Norman de Garis Davies, *The Rock Tombs of El Amarna* VI, London 1908, Tf. 27.

Übersetzungstechniken und Übersetzungsfehler

Im Folgenden wird das ehemals vorhanden Lebendige des Altägyptischen in den Vordergrund gestellt. Nicht nur die Grammatik soll hierbei im Zentrum der Sprachforschung und der Übersetzungen stehen, sondern auch die Inhalte der Sprache, die Text- und Wortbedeutung sowie die Sprachverwendung. Denn Wort- und Textbedeutungen bleiben oft weit hinter dem zurück, was man ihnen entnehmen könnte.

Dies zeigt sich deutlich in den oft zahlreichen gleichen Übersetzungen, die sich für verschiedene Begriffe aus dem Wortschatz des Altägyptischen entnehmen lassen: So gibt es 20 altägyptische Wörter, die mit „gehen" und 12 Wörter, die mit „Palast" übersetzt werden. Hingegen fehlen bisher Wörter der Bedeutungsebene z.B. von tippeln, tapsen, schlendern, hüpfen und stelzen. Und die 20 Palastwörter werden in ihren Bedeutungsebenen auch nicht konkret eingeschränkt und umschrieben, selbst wenn sich im Deutschen für diese Gebäude und Institutionen keine Entsprechungen finden lassen. Dies sind nur zwei Beispiele dafür, wie groß der Forschungsbedarf zu Wortbedeutungen in der altägyptischen Sprache ist.

Oft sind Wörter nur mit einem Ober- oder mit einem Klassenbegriff übersetzt. Die Bedeutung eines Wortes wird zurzeit noch häufig durch die Übersetzung vergröbert und entfernt sich weit vom Original und seiner Wirkung, was die augenblicklich hohe Zahl von Synonymen erklärt. Es mag vorkommen, aufgrund von dialektischen Einflüssen[III] oder sog. Modernisierungen[IV], dass mehrere Wörter Synonyme sind – zumal in der altägyptischen Sprache innerhalb der Ägyptologie die Diachronie stärker im Vordergrund steht als die synchrone Sprachbetrachtung –, aber die heute bekannte Fülle ist undenkbar. Die ganze Welt des Altägyptischen verschließt sich bei ausschließlicher Betrachtung der Texte unter grammatischen Gesichtspunkten.

Die Grammatik ist – und das ist unbestreitbar – als Sprachgerüst wichtig und notwendig; ihrer Erforschung haben sich bereits viele Wissenschaftler erfolgreich gewidmet, und die Sprache und ihr System im Grundsätzlichen und in Details erfasst. Viele Feinheiten der Sprachinhalte werden mit der Grammatik jedoch nicht aufgeschlüsselt. Sie ist grundlegend, doch parallel dazu muss die Erforschung von Wortbedeutungen und Textinhalten einhergehen. So erklärt sich, dass bisher nur in wenigen Texten Satire, Ironie und Humor erkannt werden konnten. Diese Sprachkategorien bedürfen eines unglaublichen Fein- und Sprachgefühls des Übersetzers, der tief in den Text eindringen muss, um seine Bedeutung, seinen Ton und seinen Sprechfluss zu erspüren. Es erfordert eine große Textkenntnis; nicht nur eine, die den Text in grammatische Einzelheiten auflösen kann, sondern eine Textkenntnis, die einen Text mit anderen in Verbindung bringt und seine Bedeutung, Intension und Funktion verstehbar macht.

In einem weiteren Gedanken führt dies auch zur Frage, welche Formulierungen im Deutschen in welcher Literaturgattung benutzt werden. Es muss also auch eine Untersuchung der Gattungen geben, die zu verschiedenen Übersetzungsvorschlägen führt. Die Textkenntnis erstreckt sich also nicht nur auf das Altägyptische, sondern auch die

Wortbedeutung und -benutzung des Deutschen (Englischen, Französischen) in Prosa, Gedicht, Satire etc. sind diskussionswürdig.

Meines Erachtens ist es unabdingbar, das Altägyptische im Prinzip wie eine noch lebende Sprache zu lernen, um der Wissenschaft in sprachlicher Hinsicht einen neuen Vorstoß zu ermöglichen. Dies stellt nicht die grundsätzliche Wichtigkeit der Grammatiken in Frage, doch Grammatik und parole müssen ergänzend nebeneinander in der Wissenschaft betrieben werden; beide stehen nicht isoliert, sondern vermengen sich miteinander bei jeder Übersetzung. Allerdings steht bisher die grammatische Seite in der Ägyptologie im Vordergrund, und die Übersetzungen bleiben stilistisch weit hinter ihren Originaltexten zurück. Mag ein altägyptischer Text auch noch so brillant formuliert sein, so fällt für gewöhnlich die Übersetzung weit vom Original ab. Nachdichtung und literarische Übersetzung werden nicht angewandt. Sie aber könnten den altägyptischen Text auch in der Übersetzung erfahrbar machen und ihm die Atmosphäre einhauchen, die auch das Original aufweist, wie dies Dieter E. Zimmer in seinem Buch *Redens Arten – Über Trends und Tollheiten im neudeutschen Sprachgebrauch* (Zürich 1986) formuliert:

> „Für einen Text wie jenen … erwarte ich vom Übersetzer, daß er erstens so getreu wie möglich den Wortsinn wiedergibt; und daß er zweitens soviel wie möglich von dem erhält, was ich die Aura eines Textes nenn möchte: Tonfall, Tempo, Stilebene, die Assoziation, die er auslöst, die historische Fracht seiner Sprache.“ [V]

So ist es mehr als notwendig, Gedanken und Theorien zu Übersetzungspraktiken zu entwickeln, um das Übersetzen aus dem Ägyptischen zu stimulieren. Diese Idealvorstellung sieht sich Einschränkungen gegenüber, die die ägyptische Sprache und Kultur bereits mitbringen.

— Die Texte sind in einer bereits ausgestorbenen Sprache geschrieben, d.h. ein Muttersprachler kann nicht mehr befragt werden.
— Das Ägyptische ist ein Zeuge einer vollständig anderen Kultur als der mitteleuropäisch-westlichen.
— Das Ägyptische gehört der afro-asiatischen Sprachfamilie an. Dies führt dazu, dass die ein-

zelnen grammatikalischen Formen nicht eins zu eins umgesetzt werden können.

Jede Übersetzung ist ein Transfer auf kultureller Ebene, wobei immer einige Elemente des Ausgangstextes in der Übersetzung nicht übermittelt werden können. Deshalb ist eine Übersetzung auch immer ein Verlust. Ein fachinterner Spezialist wird immer den Originaltext einer Übersetzung vorziehen. Denn der Übersetzer bringt nicht nur seine eigene Kultur, sondern auch seine eigene Interpretation in die Übersetzung mit hinein. Dies führt dann letztendlich dazu, dass die Übersetzungen aufgrund der voranschreitenden Forschung veralten können, die Originale aber ihre Aktualität behalten.

Die hauptsächlichen Übersetzungsfehler, die auch auf Übersetzungen aus dem Ägyptischen übertragen werden können, sind von Dieter E. Zimmers *Redens Arten – Über Trends und Tollheiten im neudeutschen Sprachgebrauch* auf den Seiten 169-187 aufgelistet:

1. Besserwisserei – Der Übersetzer geht weit über das hinaus, was der Text hergibt. Seine Interpretation ist nur noch aufgrund von Indizien mit dem Original verbunden.
2. Zensur – Die moralische Verbesserung eines Originals in der Übersetzung sollte unterbleiben.
3. Flüchtigkeit.
4. Ignorieren des Zusammenhangs.
5. Satzhack – Nicht immer kann der Satzbau des Originals eingehalten werden, und der Übersichtlichkeit halber sollte ein langer Satz besser aufgespalten werden, aber eine zu häufige Aufspaltung führt zu Satzhack.
6. Faule Emphase – Die Übersetzung sollte sich an die vorgegebenen Wörter in ihrem Bedeutungsfeld halten und nicht übertrieben die Bedeutung aufblähen.
7. Teutonisierung – Bedeutungsschwere Substantive der deutschen Sprache sollten, wenn sie zudem noch über eine zweite Bedeutungsebene verfügen, gemieden werden.
8. Sprachklischees – Das Übersetzen sollte in einem dem Original vergleichbaren Niveau geschehen.
9. Mangelnde Sprachphantasie – „das heißt, Möglichkeiten erproben können, Nuancierungen gegeneinander abzuwägen wissen, Abweichungen riskieren, aber mit Augenmaß und keinen Schritt zu weit."[VI]
10. Direkte Rede – Es ist eine Schwierigkeit, den genauen Ton einer direkten Rede zu treffen, besonders dann, wenn es sich um Dialekte, Umgangssprache o.ä. handelt.
11. Schiefe Bilder – Eine spezielle Aufmerksamkeit gilt der Übertragung von bildlichen Vergleichen, damit die figürliche Seite eines Vergleichs die Formulierungen des übrigen bestimmt.
12. Importbarrieren – Es kommt immer wieder vor, dass inhaltliche Dinge, also Wörter, des Urtextes in der Übersetzungssprache nicht vorhanden sind.
13. Oktroyierung von Sprachmarotten – Dem Original sollten die Sprachmarotten des Übersetzers nicht aufgezwungen werden.
14. Kenntnismängel – Das Eintauchen in die Kultur des Textes ist für eine Übersetzung absolut notwendig.
15. Tiefenvermutung – Der Übersetzer muss dem Text ein Verständnis abverlangen, um ihn übersetzen zu können. Wenn nicht, entstehen meist unverständliche Sätze, die dem Leser der Übersetzung ein falsches Bild des Originals geben.
16. Originalitätsvermutung – Die mangelhafte Kenntnis der Sprache des Originals führen dazu, dass konventionelle Formeln nicht erkannt werden. Sie werden dann als originelle Ausprägungen aufgefasst und dementsprechend übersetzt.

Speziell für eine bereits tote Sprache kommt dann noch die Unterübersetzung hinzu, die daraus resultiert, dass der Zugang zu dieser Sprache erschwert ist und der Bearbeiter eines Textes sich oft nicht festlegen kann oder festlegen will, so dass eine Vergröberung und eine Verallgemeinerung des Textes in der Übersetzung vorliegt, die in keinem Fall dem Original entspricht. Eine Unterübersetzung wirft auch immer ein schlechtes Bild auf den Ausgangstext. Diese Schwierigkeiten führen dazu, dass die Übersetzungen heute oft ästhetisch unbefriedigend und nicht dem Original gleichwertig sind. Auch wenn viele ägyptische Wörter und grammatikalische Formen schwierig sind und diskutiert werden, sollte der Übersetzer mit dem ihm vorliegenden Text ringen, um ein Ergebnis zu erhalten, das dem ägyptischen Text an Form, Sprache und Niveau nahekommt.

Ebenfalls ist zu beachten, an welchen Empfängerkreis die Übersetzung gerichtet ist: Für Fachleute ist anders zu übersetzen als für interessierte Laien. Folgende Übersetzungsarten[VII] können unterschieden werden:

1. Die notionelle Übersetzung: Sie ist nahezu mathematisch und sehr formelhaft. Sie findet nur Anwendung im Bereich der Grammatik.
2. Die interlineare Übersetzung: Sie ist eine Übersetzung ad verbum, also eine Wort-für-Wort-Übertragung, die speziell für den Unterricht geeignet ist und in Publikationen von Texten nur eingeschränkt angewendet werden kann.
3. Die wissenschaftliche Rohübersetzung: Sie ist speziell für den Philologen geeignet, um eine erste Annäherung an einen Text zu erhalten. Sie ist sehr textgetreu, aber deshalb auch oft am Rande der Grammatikalität der Übersetzungssprache und somit liegen oft unzureichende Übersetzungen vor.
4. Die literarische Übersetzung: Sie ist eine inhaltstreue, ad sensum Wiedergabe des zu übersetzenden Textes. Seine grammatischen Strukturen lassen zwar oft keine Rückschlüsse auf die des Ausgangstextes zu, sind aber deshalb flüssig lesbar.
5. Die Nachdichtung: Sie ist die höchste Form der Übersetzung und kann nur gelingen, wenn der Ausgangstext vollständig verstanden ist und der Übersetzer die Möglichkeiten der Sprache, in die übersetzt werden soll, voll beherrscht. Der künstlerischen Freiheit sind hier nahezu keine Grenzen gesetzt.

Wenn man diese ganzen Vorbedingungen bedenkt, wird die Schwierigkeit einer Übersetzung erst richtig deutlich; hinzukommt dann auch noch die Subjektivität[VIII] eines jeden, die zusätzlich in der Zielsprache die Übersetzung erschwert.

Dennoch soll hier eine Nachdichtung des Sonnenhymnus vorgestellt werden, die mit den genannten Schwierigkeiten gerungen hat, um neue Impulse in Sachen „Sonnengesang“ zu geben.

Detail einer Papyrussäule im Sanktuar des Kleinen Atontempels in Amarna

Der Sonnengesang Echnatons

Ein Glaubensbekenntnis – eine Schöpfungsgeschichte – eine wortgewaltige Dichtung

Säule aus dem Grab des Eje (TA 25) in Amarna mit den durch Kartuschen eingefassten Namen des Königs Echnaton und des Gottes Aton

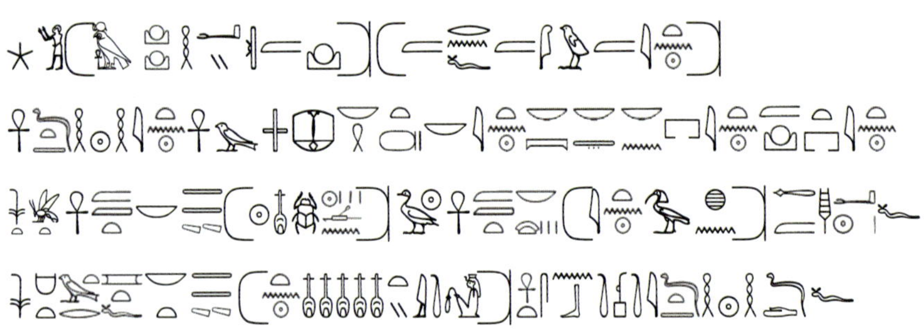

Lobpreisen des „Re-Harachte, der am Horizont bejubelt wird, in seiner Eigenschaft als Licht, das in der Sonne ist" (= die Titulatur des Gottes Aton) –

möge er immer und ewig leben – lebendige Sonne, Zentrum des Jubiläumsfestes, Herr alles dessen, was die Sonne umkreist, Herr des Himmels, Herr der Erde, Herr des Aton-Tempels in „Horizont des Aton" (Übersetzung des altägyptischen Namens der Stadt Amarna)

(und des) Königs von Ober- und Unterägypten, der durch die Maat lebt, des Herrn der Beiden Länder „Vollkommen sind die Gestalten des Re – Einziger des Re", des Sohns des Re, der durch die Maat lebt, des Herrn der Kronen, „Der Aton dient" (Übersetzung der altägyptischen Königsnamen Echnatons), dessen Lebenszeit lange währen möge

(und der) Hauptgemahlin des Königs, die er liebt, der Herrin der Beiden Länder „Vollkommen ist Atons Schönheit – Die Schöne ist gekommen" (Übersetzung des altägyptischen Namens der Nofretete), sie möge leben, gesund und jung sein auf immer und ewig. Er (der Grabherr) rezitiert (den Lobpreis):

I. Der Tag – die Gegenwart Gottes

1
2
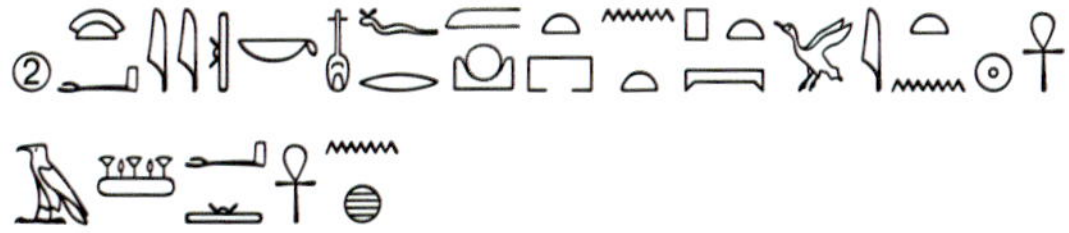

Glänzend erstrahlst du am Horizont des Himmels, du lebensspendender Sonnengott,
der alles Sein in seinen Händen hält.

3
4
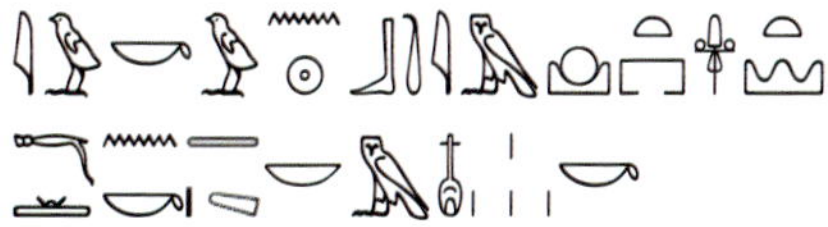

Gleichsam mit deinem Aufgang im Osten
erfüllst das ganze Land mit deinem Glanz.

5
6
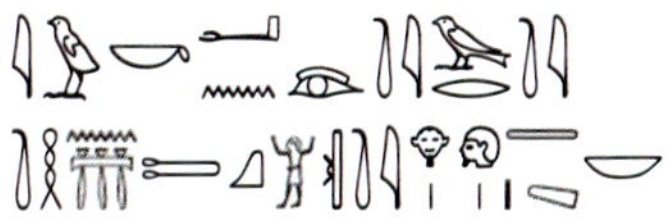

Du bist wunderschön und unfassbar,
strahlend hell und erhaben über allem Land.

7
8
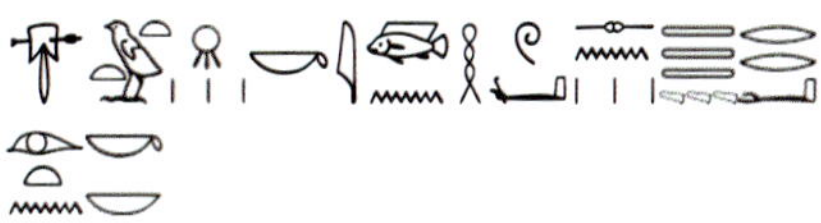

Deine Strahlen umarmen die Länder allumfassend,
und darin alles, was du erschaffst.

9
10
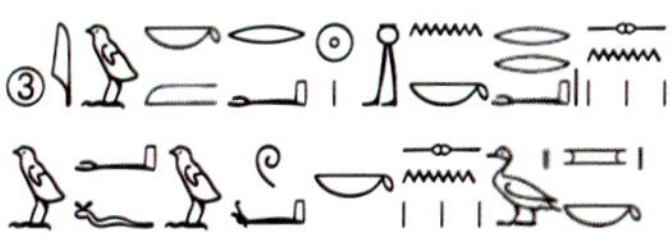

Du bist die Sonne, vorstoßend bis in die fernsten Regionen,
die sich dann vor dem Sohn, den du liebst, verbeugen.

11
12

Du bist fern, dennoch reichen deine Strahlen auf die Erde.
Sie sehen dich, jedoch erkennen sie deinen Lauf nicht.

II. Die Nacht – die Welt von Gott verlassen

13 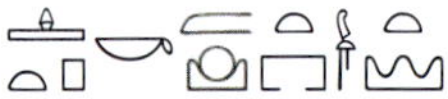

14 

Mit deinem Versinken am westlichen Horizont,
fällt die Erde in Finsternis und ist wie tot.

15 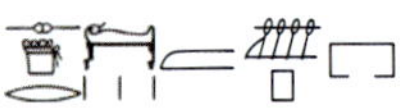

16 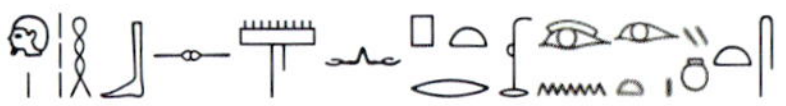

Die Schlafenden sind in ihren Gemächern,
ihre Häupter sind verhüllt, kein Auge kann ein anderes erblicken.

17 

18 

Raubt man all ihre Habe, die sie unter sich verborgen haben, so bemerken sie es nicht.
Wie (tagsüber) jegliche Löwen, so kommt (des Nachst) alles Getier aus seinen Löchern, das nun beißt.

19 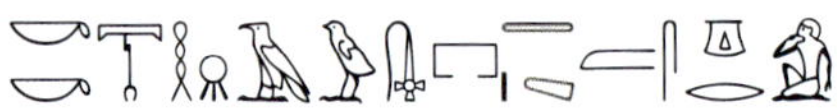

20 

Die Nacht gleicht dem Grab, die Erde schweigt,
ist doch ihr Schöpfer am Firmament untergegangen.

III. Der Mensch im Angesicht Gottes

21
22
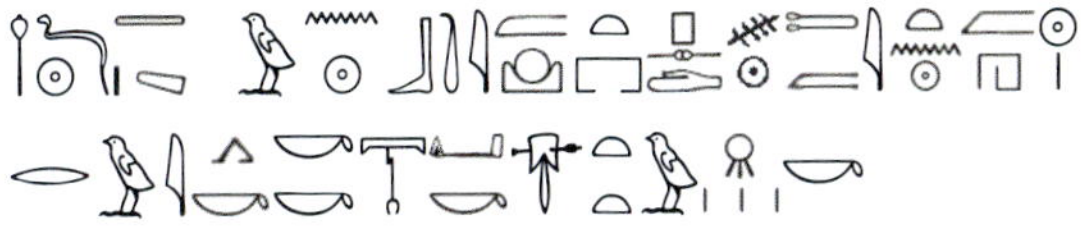

Der Tag bricht an, du bist am Horizont erschienen und leuchtest als Tagesgestirn;
denn du vertreibst die Finsternis, sobald du deine Strahlen aussendest.

23
24
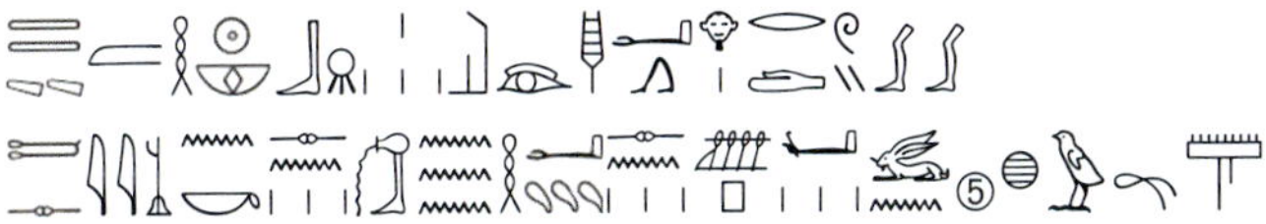

Ein Fest ist in den Beiden Ländern, wenn die Atongläubigen erwachen und vor dir stehen,
denn du hast sie aufstehen, ihre Körper erfrischen und Festgewänder anlegen lassen.

25
26
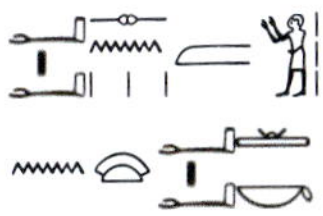

Ihre Arme sind im Lobpreis erhoben,
denn du erscheinst.

IV. Die Tiere im Angesicht Gottes

27 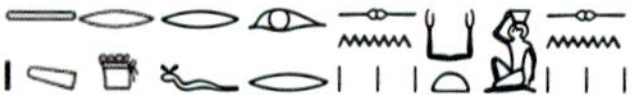

Das ganze Land – sie alle wurden nach ihrer Art erschaffen.

28
29 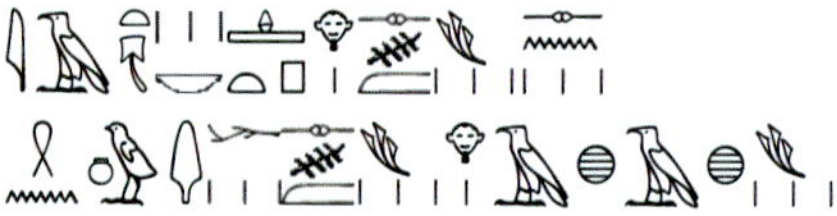

Alles Vieh ist zufrieden mit seiner Nahrung,
Bäume und Sträucher gedeihen.

30
31 

Die Vögel schwingen sich aus ihren Nestern empor,
ihr Flügelschlag ist Lobpreis für deine Allmacht.

32
33 

Alles Wild springt umher, alle Vögel fliegen herum, sie alle leben nur,
denn du bist für sie aufgegangen.

34
35
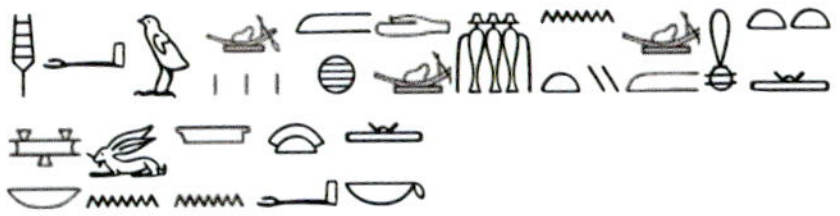

Reiher fliegen stromauf und ebenso stromab,
denn dein Erscheinen macht alle Wege frei.

36
37

Die Fische im Strom schnellen umher vor deinem Antlitz,
denn deine Strahlen reichen sogar bis auf den Grund des Meeres.

Hieroglyphe in Form eines Geiers an der äußeren Wand des südlichen Tempelhauses des Amun in Karnak

V. Die Schöpfung des Menschen

38 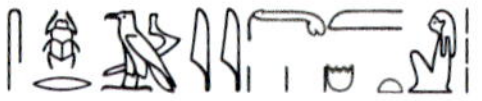

39 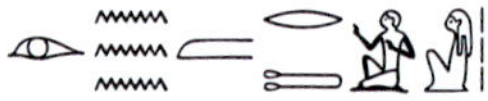

Der den Samen sich in den Frauen entwickeln lässt,
indem er Flüssiges zu Menschen formt.

40 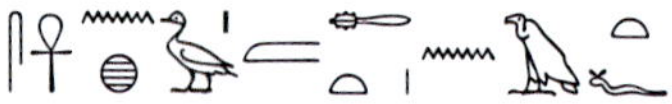

41 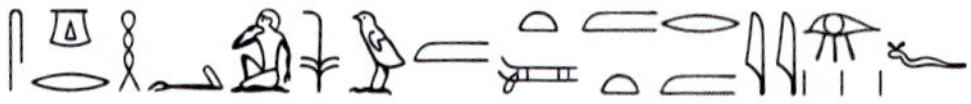

Der den Sohn im Leib seiner Mutter leben lässt,
weil er ihn bis zu seiner Vollendung im Fruchtwasser sein lässt.

42 

43 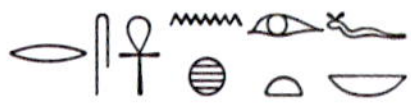

Amme im Mutterleib, Spender von Atemluft,
um seine gesamte Schöpfung zu beleben!

44 

45 

Wenn der Sohn geboren wird, um am Tag seiner Geburt selbständig zu atmen,
dann öffnest du seinen Mund und versorgst du ihn mit allem, dessen er bedarf.

Luxor-Tempel, Säule im 1. Hof mit Darstellung der Menschen als sog. Rechit

VI. Das Schlüpfen der Vögel

46
47

Das Küken im Ei piept durch die Schale,
denn du gibst ihm die Luft, um darin zu leben.

48
49
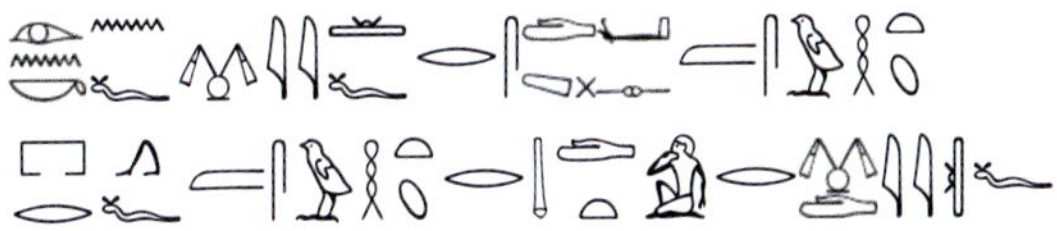

Du hast ihm den Zeitpunkt festgesetzt, die Schale des Eies zu durchbrechen,
sodass es zeitgerecht aus dem Ei schlüpft und piept.

50
51
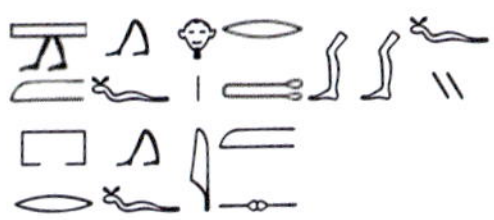

Es kann augenblicklich laufen,
so es geschlüpft ist.

VII. Das Weltgefüge

52 
53 
54 

Wie zahlreich sind deine Werke,
oft vor dem menschlichen Anblick verborgen.
O einziger Gott, ohnegleichen!

55 
56 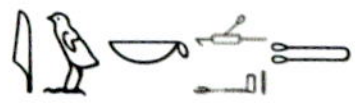
57 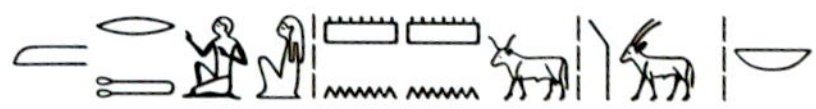

Du erschaffst die Erde nach deinem Willen,
du allein,
mit allen Menschen, mit allem Wild und Vieh,

58 
59 
60 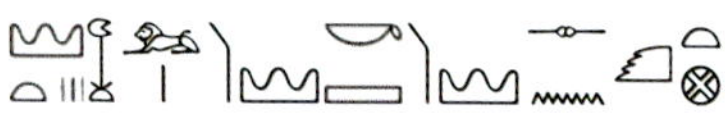

mit allem, was auf der Erde lebt, laufen kann,
mit allem, was sich emporschwingt und fliegt.
mit den Fremdländern, Syrien und Nubien, die zu Ägypten gehören.

61
62
63

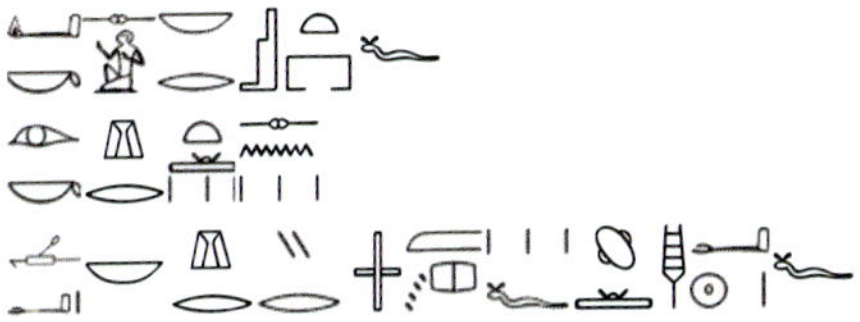

Du gibst jedem seinen Platz im Leben,
um für ihn zu sorgen.
Jeder hat Nahrung und seine Lebenszeit ist bestimmt.

64
65
66

Die Zungen unterscheiden sich ebenso wie die Wesensarten.
Auch ihre Hautfarben gleichen sich nicht,
denn so unterscheidest du die Bewohner verschiedenen Länder voneinander.

Die Sonnebarke des Re in einem Relief aus Medinet Habu

VIII. Das lebenspendende Wasser

67
68

Du erschaffst den Nil in der Tiefe
und lässt ihn hervorquellen nach deinem Willen,

69
70
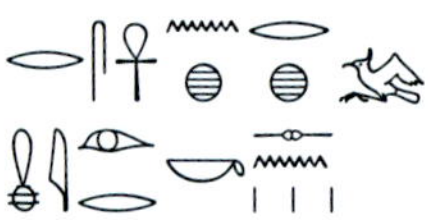

um den Menschen Leben zu schenken,
ganz so, wie du sie erschaffen hast.

71
72

Du bist ihrer aller Herr,
der sich für sie aufzehrt.

73
74

O Herr aller Länder, der für sie aufgeht.
O Tagesgestirn, über alles erhaben.

75
76
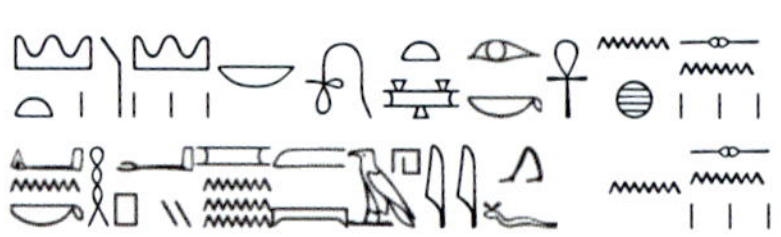

Sogar alle fernen Länder bringst du zum Leben,
denn du hast den Nil als Regen auch an den Himmel gesetzt, damit er zu ihnen herabfällt.

77
78
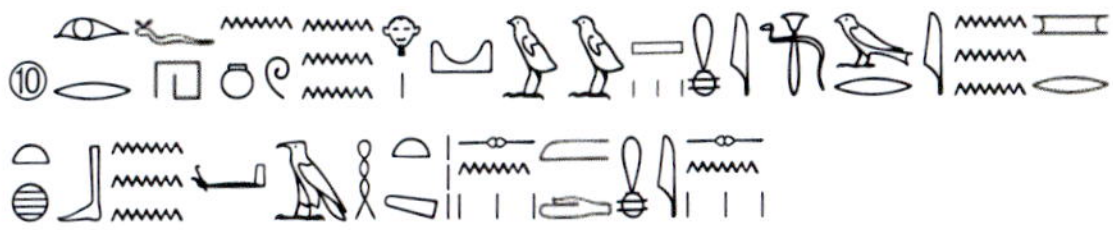

Er brandet auf den Bergen wie das Meer (an Land),
um allerorts ihre Felder zu tränken.

79
80

Wie vollkommen sind doch deine Vorsehung,
o Herr der Ewigkeit!

81
82

Der Nil am Himmel (als Regen) ist ausschließlich für die Fremdländer geschaffen,
und für alles flinke Gebirgswild,

83
84
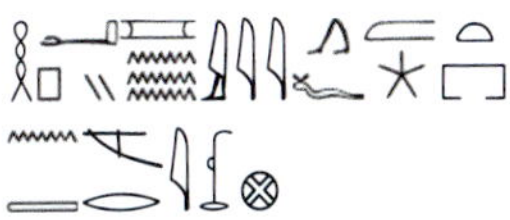

nur der Nil aber, der aus der Tiefe hervorbricht,
ist für das Land Ägypten bestimmt.

IX. Die Ontologie der Welt

85
86
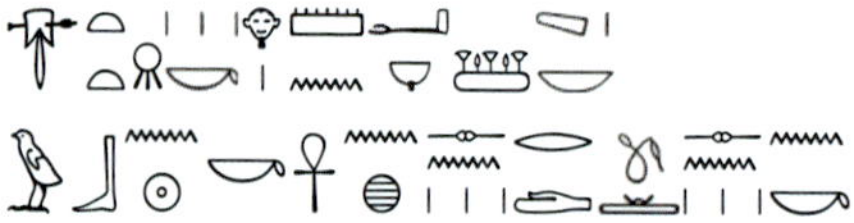

Deine Strahlen stillen alle Pflanzen,
denn wenn du aufgehst, dann leben und wachsen sie für dich.

87
88
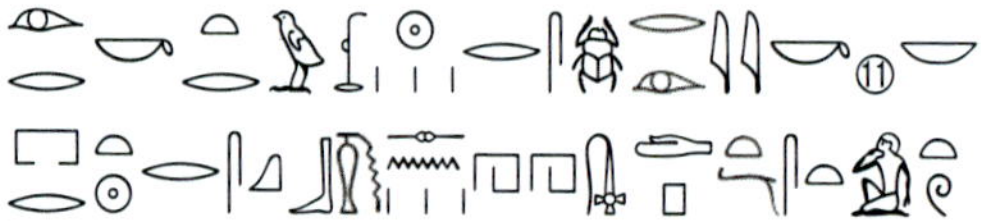

Du teilst das Jahr ein, um deine gesamte Schöpfung zu regenerieren.
Die Winterzeit – sie zu erfrischen; die Sommerhitze – die sie versengt.

89
90
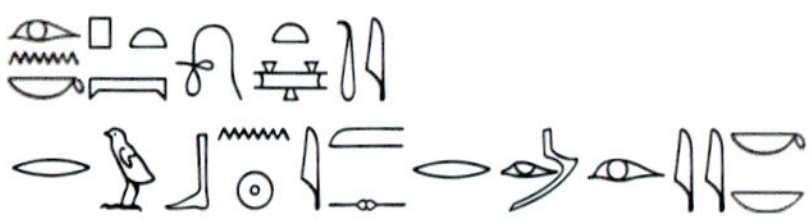

Du hast den Himmel hochgewölbt,
um an ihm aufzugehen und dein Werk zu betrachten.

91
92
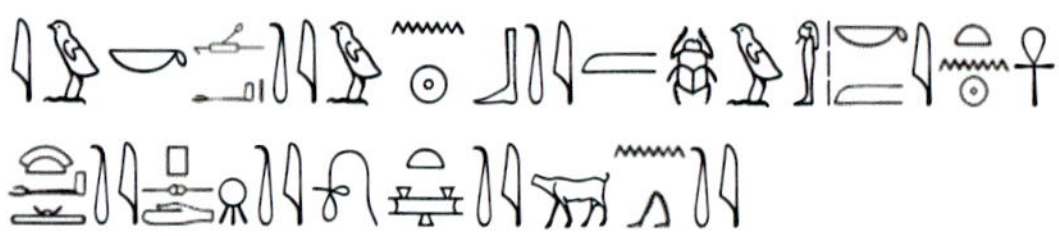

Einzig bist du, wenn du in deiner Gestalt als lebendige Sonne aufgegangen bist,
glänzend und strahlend, entfernt und nah zugleich.

93 

94 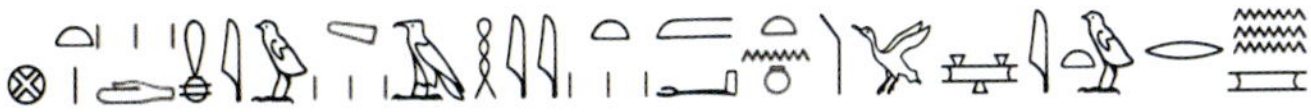

Du gestaltest millionenfach aus dir allein:
Städte, Dörfer und Felder, Wege und Fluss.

95 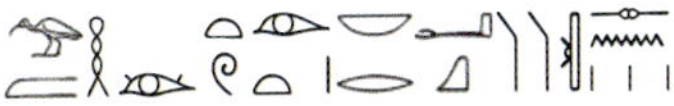

96 

Jedes Auge sieht dein sich reflektierendes Ich in seinem Gegenüber,
wenn du als Tagesgestirn über ihnen stehst.

Gebäudereste des Nordpalastes in Amarna

X. Der Gott Aton und der König

97 

98 

Du hast die Schöpfung in Gang gesetzt,
damit jedes Auge existieren kann.

99 

100 

Du erschaffst seinen erkennenden Blick,
damit deine Allmacht erkannt wird.

101 

102 

O (wahrer) Gott,
einzigartig ist deine Schöpfung!

103 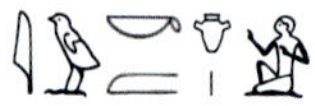

104 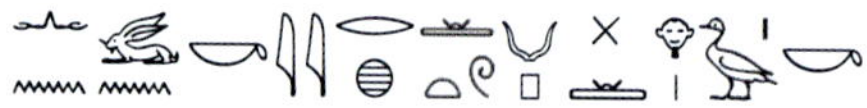

Du bist mir ins Herz gegeben!
Kein anderer außer deinem Sohn weiß um dich.

105 

„Vollkommen sind die Gestalten des Re – Einziger des Re“.

106 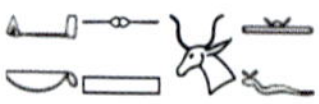

107 

Du weihst ihn ein
dank deiner Vorsehung und deiner Macht.

XI. Die Allmacht Gottes

108
109
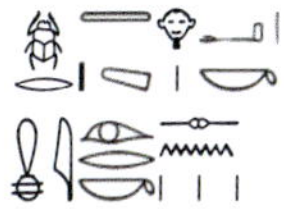

Die Erde entsteht aus deiner Hand,
genauso wie ihre Geschöpfe.

110
111
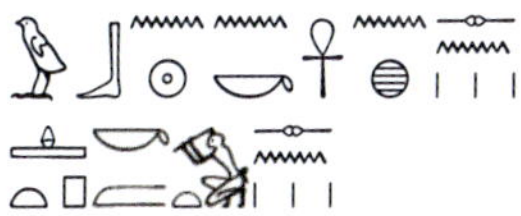

Gehst du auf, leben sie.
Gehst du unter, sterben sie.

112
113
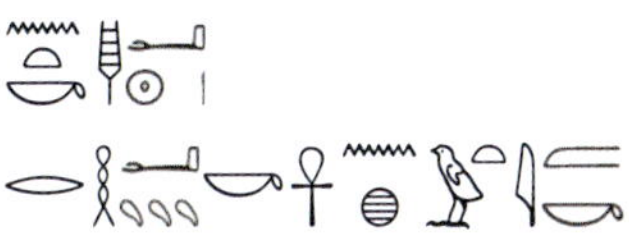

Du bist die Lebenszeit selbst,
weil man dank deiner lebt.

114
115
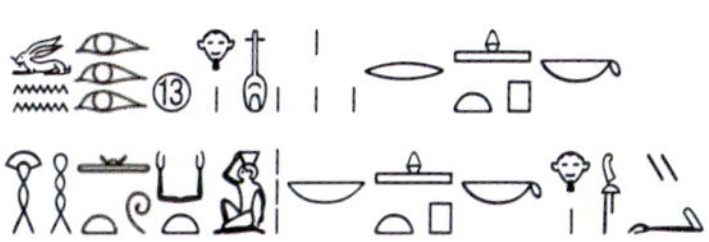

Alle Augen erblicken deine Schönheit bis du untergehst.
Alle Arbeit ruht, wenn du im Westen untergegangen bist.

Der Königspalast in Amarna im Grab des Merire I (TA 4)

XII. Echnaton und Nofretete als Stellvertreter Atons

116
117

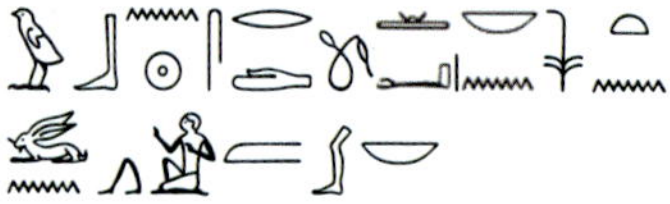

Dein morgendliches Erscheinen aber stärkt jeden für den König,
und flink ist jeder auf den Beinen.

118
119

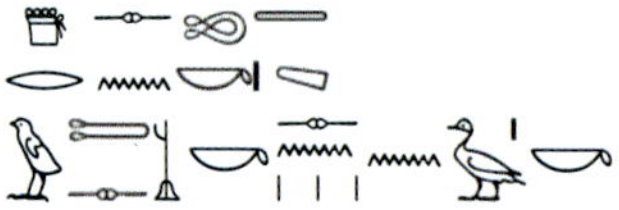

Seit dem du die Erde gegründet hast,
stellst du ihre Geschöpfe in den Dienst deines Sohnes,

120
121

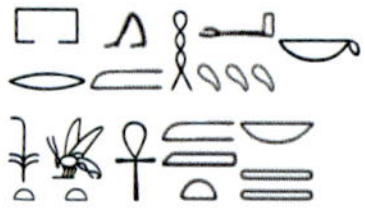

deines eigenen Fleisches,
des Königs von Ober- und Unterägypten, der durch die Maat lebt, des Herrn der Beiden Länder

122

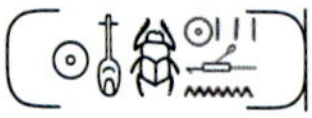

„Vollkommen sind die Gestalten des Re – Einziger des Re".

123
124
125

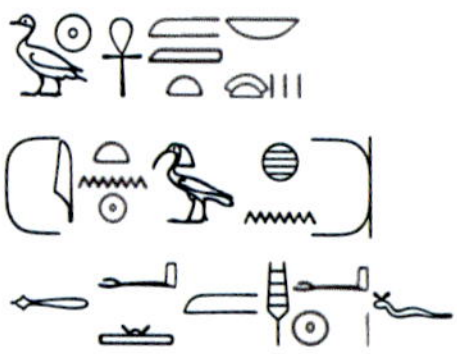

des Sohns des Re, der durch die Maat lebt, des Herrn der Kronen
„Der Aton dient",
dessen Lebenszeit lange währen möge

126
127
128

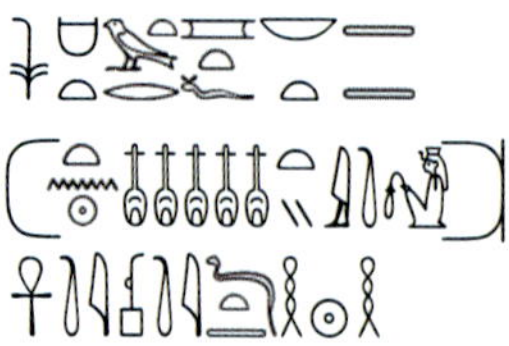

und den der Hauptgemahlin, die er liebt, der Herrin der Beiden Länder
„Vollkommen ist Atons Schönheit",
sie möge jung und schön sein auf immer und ewig.

Erläuterungen zur Nachdichtung des Sonnengesangs

Lange Zeit standen sich die Übersetzung des Sonnengesangs als Fließtext[1], so wie es der hieroglyphische Text vorgibt, und als Text in Versen[2] gegenüber, bevor sich die Versvariante letztlich durchgesetzt hat.

Ein Grund ist hierbei wahrscheinlich die Parallelität zu Psalm 104, der im Rahmen der Übersetzungen immer wieder neben den Sonnengesang Echnatons gestellt wird, um eine zumindest geistige Verwandtschaft beider Texte aufzuzeigen.[3]

Die poetische Dichte des Sonnengesangs wird in der Untersuchung J. Kahls[4] zu den Stilmitteln deutlich. Die Sprachform des Textes hebt sich durch ästhetisch angewandte Stilmittel von der Alltagssprache ab und stellt ihn auf ein sprachlich höheres Niveau. Auch diese Ausarbeitungen führen dazu, in der Übersetzung eine Versform zu wählen, die in der Zielsprache ein gängiges Signal für die Poetizität darstellt und anzeigt, dass ein sprachästhetischer Charakter des Werkes vorliegt, der als Dichtkunst zu bezeichnen ist.

Zwischenüberschriften und Stropheneinteilung

Der Sonnengesang Echnatons gliedert sich im Ägyptischen hauptsächlich durch Gedankenpaare – den sogenannten Thought couplets[5]. Diese Sinneinheit ist das gliedernde Element des Hymnus, der ohne Markierungen bzw. Verspunkte[6] vorhanden ist. Denn der hieroglyphischen Text des Sonnengesangs ist ohne Markierungen und somit ungegliedert überliefert worden.

Der Fließtext des Ursprungstextes muss sich durch eine spontan zu erfassenden Struktur gliedern lassen, die es dem Vortragenden – denn in der Regel ist mit einer rezitativen, oralen Kultur hier zu rechnen – ermöglicht, getragen und betont und vor allem im Sinne der Deutung den Text vorzutragen.[7] Denn ein Gedankenpaar besteht in der Regel aus zwei Versen, die in inhaltlicher Beziehung zueinander stehen.[8] Das nächstfolgende Gedankenpaar nimmt einen neuen Aspekt auf und grenzt sich gegenüber den umliegenden Verspaaren inhaltlich ab. Dabei bildet jeder Vers eine grammatikalische Einheit, was nicht bedeutet, dass es sich immer um ganze Sätze handelt, aber inhaltlich und syntaktisch Zusammengehöriges findet sich in einem Vers und springt nicht in die nächste Zeile über.

Bei der Übersetzung in Versen wurde auch schon früh versucht, den Text durch Strophen einzuteilen[9] und Zwischenüberschriften einzufügen[10], die die Dichte des Textes aufnehmen und strukturieren. Diese Stropheneinteilung stellt übergeordnet heraus, wie kunstvoll der Text gegliedert ist und dass in Vers und Gesamttext eine Durchformung zu erkennen ist. Die Einteilung findet auf der semantischen Ebene der Strophen statt.[11] Inhalt und Sinn kompilieren die Strophen in ein gemeinsames Zueinanderstehen.

Ein Hinweis für eine solche Stropheneinteilung in Verbindung mit einer Überschrift bietet der Vers im Sonnengesang (SG) 27. Dieser steht als Einzelvers zwischen der 3. und der 4. Strophe und stellt mit seiner inhaltlichen Aussage

> Das ganze Land – sie alle wurden nach ihrer Art erschaffen

gleichsam eine Überschrift für die 4. Strophe dar.

Die unterschiedliche Ausführlichkeit der Strophen, die für einen Leser westlicher Kulturen zunächst befremdlich erscheinen mag, konnte von J. Assmann[12] geklärt werden: Von der Kunst auf die Literatur übertrug er die Bedeutungsperspektive. So ist umfangreicheren Strophen eine größere Bedeutung zuzumessen als Strophen geringeren Umfangs.

Durchweg richtet sich der Sprecher des Sonnengesangs direkt an Aton. Die 2. Person Singular[13] wird durchgängig verwendet und gibt somit dem Gesagten eine direkte Realität und eine möglicherweise performative Gegenwart, auch wenn diese bereits bekannt, erkannt und vorausgesetzt ist. Eje und seine abgebildete Frau im Verehrungsgestus sind als die bildhaften Sprecher des Sonnengesangs anzusehen. Darüber hinaus könnte der Charakter des Ansprechens ein Hinweis darauf sein, dass sich hier die private Sprechsituation Echnatons in seinem Gottesdienst im Tempel widerspiegelt[14], die nahezu ohne Zuhörerschaft auskommt; denn mit der unmittelbaren Anrede entfällt das Berichthafte, das mit der 3. Person Singular und einer erwarteten Zuhörerschaft kongruiert. Ausnahme in der Benutzung der 2. Person Singular ist im Sonnengesang der Ich-Bezug im Vers 103, die Echnaton hier von sich selbst reden lassen, dessen Namensnennung sonst nur in der 3. Person Singular vorkommen. Hier wird Echnaton in einem kurzen Moment als Sprecher mit einbezogen. Im übrigen Gesang reihen Echnaton und mit ihm Nofretete sich zu Aton und betonen dadurch ihre Position, die dadurch dem Irdischen entrückt werden. In diesem Wechselspiel wird die ambivalente Bedeutung Echnatons deutlich: Er ist göttlich und menschlich zugleich.

So fällt gleich zu Beginn auf (I. Der Tag – die Gegenwart Gottes), dass der Tag mit dem morgendlichen Erscheinen des Gottes deutlich länger umschrieben (12 Verse) wird als die Nacht (8 Verse) in der nächst folgenden Strophe (II. Die Nacht – die Welt von Gott verlassen). Bemerkenswert ist, dass die erst Strophe fast zu Gänze auch im Grab des May[15], Durchgang, Nord, Kolumne 3-4 belegt ist. Dies unterstützt die Stropheneinteilung und die Zusammengehörigkeit dieser Passage. Der Beginn des Textes mit dem Sonnenaufgang ist gleichsam die Initialzündung der Schöpfung, die sich jeden Tag mit dem neuerlichen Erscheinen Atons wiederholt. Es ist ein fulminanter Auftakt, der den Text kraftvoll beginnen lässt. In der zweiten Strophe wird diesem Anfang mit der Nacht ein Gegenüber gesetzt. Der äußere Rahmen ist damit abgesteckt: Leben findet zwischen Sonnenaufgang und Sonnenuntergang statt.

Die nächsten vier Strophen (III. Der Mensch im Angesicht Gottes, IV. Die Tiere als Teil der Schöpfung, V. Die Schöpfung des Menschen, VI. Das Schlüpfen der Vögel) sind eine Umschreibung dessen, was nach dem Anbruch des ersten Tages und dann immer wieder erneut geschieht. Das Erwachen der Menschen steht dabei an erster Stelle und wird dadurch hervorgehoben. In diesen vier Strophen wird das Thema (A) „Menschen" mit dem Thema (B) „Tiere" abwechselnd beleuchtet. Eine Reihung der Themen in der Form A – B – A – B ergibt sich. In diesen Strophen wird die Abhängigkeit der Schöpfung von seinem Schöpfer in ein unmittelbares Aufeinanderbezogensein deutlich unterstrichen. Dieses für die Amarnazeit typische Gegenüber zwischen Gott und Erde, zwi-

schen dem einzigen und allein seienden Aton und den auf Erden Lebenden ist eine neue Konstellation der Religion und steht im deutlichen Gegensatz zu den älteren Sonnenhymnen, die den Sonnengott immer in einer Göttergemeinschaft angesiedelt und über den Himmel fahren lassen hat.[16]

Die 7. Strophe (VII. Das Weltgefüge) hebt sich erneut ab und bildet einen ersten Höhepunkt dieses Hymnus: Thema ist die Erschaffung der Welt, die den Willen des Schöpfers preist, der in seinem Einzigsein und Alleinsein dieses alles erdacht und geschaffen hat. Diese Strophe fasst die vorherigen zusammen und betont sie besonders durch fünf Dreierverse. Dabei geht der erste Dreiervers von Gott aus, dessen Handeln sich auf den Menschen bezieht (2. Dreiervers). Im 3. Dreiervers wird die eingerichtete Welt beschrieben, die für den Menschen gemacht ist (4. Dreiervers), dessen Unterschiedlichkeit doch einer Nennung und Erklärung bedarf (5. Dreiervers).

Die 8. Strophe (VIII. Das lebensspendende Wasser) sticht an Umfang mit 18 Versen heraus: Dies ist der Bedeutung des Wassers und des Nils geschuldet. Ägyptens Vater ist der Nil, und ohne diesen Fluss gäbe es kein Leben und keine Kultur in Ägypten, denn es weist eine geographisch einzigartige Situation auf: Es besteht zu 96,5% aus absoluter Wüste unter glühend heißer Sonne und nur 3,5% ist fruchtbares Land. Es ist eine Flussoase. Das wenige fruchtbare Land, das zu beiden Seiten des Nils liegt, muss nahezu die gesamte Bevölkerung ernähren. Der Nil fließt als Fremdlingsfluss durch Ägypten, zwischen arabischer und libyscher Wüste, von Süd nach Nord, aus den Bergen Innerafrikas kommend, und er mündet ins Mittelmeer auf einer Breite zwischen Alexandria im Westen und dem Suez-Kanal im Osten. Mit seinen jährlichen Überschwemmungen, die erst die Landwirtschaft möglich machten und somit Grundlage der Ernährung der Menschen waren, ist er die wichtigste Lebensader des Landes. Die Nilüberschwemmungen prägten den altägyptischen Lebens- und Arbeitsrhythmus im Jahreskreislauf.

Diesem Kreislauf wird in der nächst folgenden, der 9. Strophe (IX. Die Ontologie der Welt), Rechnung getragen. Während bisher im Hymnus von den Naturerscheinungen – und hierzu gehört auch der Mensch – gesprochen worden war, nähert sich der Inhalt nun den irdischen Dingen, dem Jahreskreislauf, den Dörfern und Städten, den Menschen als Anbetende in der Schöpfung und kommt zum zweiten Höhepunkt in der 10. Strophe, in dem Echnaton genannt und ihm seine Position in diesem Weltgefüge zugewiesen wird. So wird die Allmacht Atons unterstrichen, der die Schöpfung Echnaton anvertraut. Mit der nochmaligen namentlichen Nennung Echnatons am Schluss des Hymnus und der Nennung Nofretetes schließt der Gesang ab und verweist ins Leben und auf den Sitz im Leben dieses Sonnengesangs.

Die 7. bis 9. Strophe bilden eine Art Hochplateau in diesem Werk, in dem sie das lebensspendende Wasser von zwei Strophen, die die Macht und Allmacht Atons und der Sonne in Bezug auf Menschen und Erde detailliert und klar umreißen. So wie der Nil zwischen den Wüstenbänken im Westen und Osten in Ägypten fließt, so ist er auch umgeben von der Macht Atons.

Die 10. und 12. Strophe (X. Der Gott Aton und der König, XII. Echnaton und Nofretete als Stellvertreter Gottes/Atons) sind im letzten Teil des Hymnus wie eine Klammer angelegt; sie umschließen die 11. Strophe (XI. Die Allmacht Gottes), die die Allmacht Atons kurz und prägnant, dabei bestimmt und konzis zusammenfasst. Echnaton und Nofretete stehen sozusagen rechts und links ihres Gottes und bilden mit ihm eine Einheit. Die stilistische Klammer der Strophenbildung unterstreicht diese Triade aus Königspaar und Gott. Zwei Dreierverse, je einer für den König und die Königin, schließen den Hymnus ab und verbinden Echnaton und Nofretete mit der 7. Strophe (Das Weltgefüge), in dem Atons Wirken mit 5 Dreierversen gepriesen wurde.

Insgesamt betrachtet lässt sich durch die Stropheneinteilung der Sonnengesang in vier größere Abschnitte einteilen:

— 1. und 2. Strophe bilden den Auftakt mit der Festlegung des Rahmens.
— 3. bis 6. Strophe formieren eine A-B-A-B-Reihung mit den Schöpfungsaufgaben Mensch und Tier.
— 7. bis 9. Strophe streichen Aton als den Ursprung der Welt insgesamt und besonders des Nils deutlich heraus.
— 10. bis 12. Strophe formieren die Triade Aton – Echnaton – Nofretete, wobei Aton das zentrale Element in dieser Konstellation ist.

Stilmittel und inhaltliche Bezüge

Innerhalb der Strophen können Bezüge zwischen den Versen und Gedankenpaaren hergestellt werden, die sowohl durch Wortgebrauch als auch durch Wiederholung grammatikalischer Formen unterstützt werden.

So ist in der ersten Strophe (SG 1-12) ein inhaltlicher Ablauf der Doppelverse von A – B – C – A – B – C zu erkennen. In den A-Versen stehen die Strahlen/das Strahlen des Gottes im Vordergrund. Die B-Verse umspannen den ganzen Tag: sein Aufgang im Osten und das Sein als Re. Die C-Verse sind nahezu adjektivische Ergänzungen, die den Gott beschreiben: wunderschön, hell, fern, unerforschlich. Die B- und C-Verse werden je-

weils durch *jw=k* eingeleitet. Die Durchformung der Strophe wird durch den Inhalt gestaltet, bestätigt sich aber in Wörtern und grammatikalischen Strukturen. So beginnt die Strophe mit dem Wort *ḫꜥj*, das direkt auf den Aufgang der Sonnen zielt.

In der zweiten Strophe (SG 13-20) liegt eine geklammerte Abfolge von A – B – B – A vor. Allein schon der Wortgebrauch unterstützt diese Folge, denn in den A-Gedankenpaaren kommen die Wörter *ꜣḫt* und *kk* vor, die das Thema der Strophe bereits erahnen lassen. Da hier mit *ꜣḫt* der westliche Horizont angesprochen ist, handelt es sich hier um Metonyme, die in jeweils einer Zeile des Thought couplet auftreten und Identität schaffen. In den mittleren Gedankenpaare kommt jeweils *tp* (ägypt. für den Kopf) vor, also ist hier der Bezug zu den Menschen gegeben. Die Umklammerung der B-Verse unterstreicht die Bedrückung durch die Abwesenheit des Gottes. Die Gottesferne ist eine Last; sie bedroht die Menschen. Auch mit der Einleitung der Strophe durch das Wort *ḥtp* (ägypt. für untergehen) wird das Thema „Die Nacht als Abwesenheit Gottes" bereits eingeführt.

Die dritte Strophe (SG 21-26) wird mit *ḥḏ-tꜣ* eingeleitet: das Erwachen des Landes. Hiermit wird das Thema der Strophe sofort angesprochen. Die dritte Strophe setzt sich aus drei Doppelversen zusammen, die sich durch ihre Ausführlichkeit vom bisherigen abheben. Jeder zweite Vers ist eine Begründung des ersten und wird durch eine adverbiale Phrase eingeleitet. Inhaltlich wird in dieser Strophe der Tagesbeginn aus der 1. Strophe wieder aufgenommen, jedoch um die menschliche Dimension erweitert: Der Gott erscheint, damit und durch ihn erwachen die Menschen und diese wiederum preisen den Gott. Die Abhängigkeit der Menschen von ihrem Gott ist die zentrale Aussage dieser Strophe.

Die vierte Strophe (SG 27-37) beschäftigt sich mit den Tieren, denn alle wurden von Gott erschaffen. Nach der Überschrift in SG 27

> Das ganze Land – sie alle wurden nach ihrer
> Art erschaffen

liegt eine Abfolge von A – B – A – B – C vor. Alle Gedankenpaare dieser Strophe beginnen mit einem Substantiv im Plural. Die A-Verse beschäftigen sich mit den Vierbeinern, die B-Verse mit den zweibeinigen Tieren und das C-Gedankenpaar mit den Tieren ohne Beine. Vers 34 scheint dabei aus der Reihe zu fallen, denn hier werden Schiffe beschrieben, die auf dem Nil fahren; als Anregung möchte ich hier eine Emendation vornehmen, die hier statt der Schiffe die Reiher *ꜥḥꜥw* annimmt. Reiher würde sich inhaltlich in diese Strophe besser einfügen und die Korrektur betrifft lediglich das Determinativ.

Die fünfte Strophe (SG 38-45) hat die Erschaffung des Menschen zum Thema. Der Bezug zum mythologischen Ursprung des Menschen aus den Tränen des Urgottes ist greifbar.[17] Das Wortspiel zwischen *rmṯ* – Mensch und *rmjt* – Träne lässt die Menschen zu Augenwesen des Gottes werden, zu einem Teil von ihm. In dieser Strophe wird in den ersten vier Versen mit ähnlich lautenden Wörtern gespielt: *ḥmwt – mw – rmṯ – mwt – rmyw*. Im ersten Thought couplet ist die Ursubstanz der Menschen das Wasser, um auf das Werden des Menschen im Leib der Mutter, im Fruchtwasser, zu verweisen. Im zweiten Thought couplet bekommt dieser Gedanke die mythologische Di-

mension, in dem die Tränen des Schöpfers genannt werden. Der dritte Doppelvers ist ein zentraler Ausdruck dieser Strophe, der die Schöpferrolle des Gottes in Bezug auf die Menschen und seine Fürsorge für sie als Ausruf gestaltet. Eine besondere Verstärkung dieser Aussage ergibt sich aus der Benutzung von *m ẖt* – im Leib. In den Doppelversen zwei, drei und vier wird in der ersten Zeile an nahezu gleicher Stelle jeweils *m ẖt* benutzt, um die Bedeutung des Mutterleibes als Ort der Menschwerdung hervorzuheben. Das letzte Gedankenpaar dieser Strophe erweitert die Dimension des Schöpfers zusätzlich um die Rolle des Fürsorgers; nicht nur die einmalige Erschaffung, sondern die Bereitstellung des Lebensunterhaltes wird genannt. Somit ergibt sich für die Abfolge der Doppelverse ein Schema von A – A – A – A als thematische Rekurrenz. In vier verschiedenen Aspekten ist die Schöpfung und Obsorge der Menschen seitens des Gottes in dieser Strophe ausgedrückt.

Die 6. Strophe (SG 46-51) ist mit einem Umfang von nur 3 Thought couplets die kleinste; sie umschreiben das Thema der Erschaffung

der Vögel.[18] Die Genese aus dem Ei steht in diesem Hymnus somit der leiblichen Geburt gegenüber. Die Faszination über die Entstehung des Lebens aus dem Ei findet hier seinen Ausdruck, der in dem kosmogonischen Motiv des Ur-Eies[19] mythologisch verankert ist. Auch im Ei ist der Gott der Lebensspender und von hier kann die gesamte Schöpfung ihren Ausgang haben. Das Ei symbolisiert dabei einen präexistenten, embryonalen Zustand. In allen drei Doppelversen wird die Bedeutung Atons für das Leben und Sein des Kükens hervorgehoben. Wie schon bei der Erschaffung des Menschen ist auch Atons Rolle hier einerseits die des Schöpfers, andererseits die des Fürsorgers. Auch hier ist das Schema der Doppelverse A – A – A. Die thematische Rekurrenz verbindet diese Strophe mit der vorhergehenden. Die adverbialen Einleitungen des jeweils zweiten Verses vollenden den im ersten Vers begonnen Gedanken.

Die 7. Strophe (SG 52-66) ist mit fünf Dreierversen gestaltet, und der erste Dreiervers ragt heraus, da er als Ausruf gestaltet ist und die Preisung der Schöpfungskraft Atons zum Thema hat. Die Gestaltung der Strophe mit Thought triplets hebt diese Strophe insgesamt hervor, denn diese kommen nur noch am Schluss des Hymnus mit zwei Dreierversen vor. Gleichzeitig steht diese Strophe nahezu in der Mitte des Sonnengesangs und bildet so einen Höhepunkt. In allen Dreierversen dieser Strophe ist entsprechend des Themas eine Häufung der Wörter des Wortfeldes „machen, schaffen“ festzustellen: *jry=k*, *ḳm3=k*, *ḏj=k*, *jrj=k* *sṯnj=k*. Bemerkenswert ist die Fortführung des Gedankens des Verborgenseins aus der 6. Strophe. Dort ist es das Küken im Ei, und hier in dieser Strophe wird diese Idee auf eine Vielzahl an Schöpfungen bezogen, die vor dem menschlichen Anblick verborgen sind.[20] Hier wird besonders deutlich, wie die Abfolge der Strophen bewusst gestaltet und gefügt sind.

Schon der Umfang der 8. Strophe (SG 67-84) mit 9 Doppelversen spiegelt die Bedeutung des Wassers für das Leben in Ägypten und auf der Welt wider. Der Nil steht dabei an erster Stelle, und auch hier wird er im ersten Vers und im letzten explizit erwähnt und seine Bedeutung für Ägypten unterstrichen. Diese beiden Doppelverse umklammern die gesamte Strophe. Sie sind zudem stilistisch ähnlich aufgebaut: Zuerst wird Hapi erwähnt und dann die Unterwelt als Quelle des Nils. Der zweite Vers endet jeweils mit einer Form von *mrj*. Die nächsten beiden Thought couplets setzen den Nil in Bezug zu den Menschen. Mit dem Ausruf im vierten Doppelvers ist eine erste Klimax erreicht: Allumfassend ist Gottes Tun. Die nächsten beiden Thought couplets beschreiben den Regen als Nil des Himmels. Und der Ausruf im 7. Doppelvers ist eine zweite Klimax in dieser Strophe. In den letzten beiden Doppelversen wird der himmlische Nil dem irdischen Nil gegenübergestellt und runden so das Thema der Strophe ab. Ihre Einheit wird auch an der Verwendung von Hapj gleich jeweils zu Beginn des Doppelverses deutlich; ihr Gegensatz spiegelt sich am Ende der jeweils ersten Zeile wider, denn hier stehen *ḫ3swt* und *dw3t* in Parallele. Während mit dem Fremdländern Gebiete außerhalb Ägyptens angesprochen werden, ist mit der Unterwelt auf jeden Fall eine Region innerhalb des ägyptischen Kosmos‘ gemeint. Die Abfolge der Gedankenpaare innerhalb der Strophe von A–B–B–C –D–D–C –D–A lässt mit den beiden Höhepunkten der Strophe (C) und dem starken thematischen Sprung von D zu A am Schluss der Strophe eine wellenartige Wasserbewegung erahnen. Das Thema Wasser wird inhaltlich und stilistisch ausgedrückt.

In der 9. Strophe (SG 85-96) wird das Sein und die Ordnung der Welt thematisiert: die Ontologie der Welt. In den ersten beiden Thought couplets und in den letzten beiden wird die Einrichtung der Pflanzen, der Zeit, des Landes und der Lebewesen beschrieben. Damit sind die vier wichtigsten Parameter der Welt genannt und zur Sonne hin geordnet. Die mittleren beiden Gedankenpaare bilden nicht nur das Zentrum dieser Strophe, sondern vermitteln inhaltlich auch den Brennpunkt allen Lebens: der Sonne / Aton ist die Schöpfung gegenübergestellt am Himmel. Sie ist Teil der Schöpfung, aber dennoch einzigartig. Stilistisch fangen alle Doppelverse in zweiter Position mit =*k* oder *tw* an, die die Macht und Fähigkeiten der Sonne in

der Schöpfung aktiv beschreiben. Die inhaltliche Abfolge der Verse lässt sich folgendermaßen umschreiben: A – A – B – B – A – A.

Die letzten drei Strophen sind zusammen zu behandeln, denn die 10. und die 12. umschließen die 11. wie eine Klammer. Thema der 10. und der 12. Strophe ist Echnaton, während die Mitte, also die 11. Strophe, Aton beschreibt. Mitte und Ziel seines Lebens und Seins ist Aton. Die Klammer um die 10. und 12. Strophe verdeutlicht dies anschaulich.

In der 10. Strophe (SG 97-107), die die Bedeutung der Menschen im Gegenüber zu Aton als Thema hat, ist durch Thought couplets gestaltet. Dabei hebt sich Vers 103 deutlich ab, denn hier wird Aton durch die Benutzung der 1. Person Singular direkt angesprochen; dies kommt nur hier vor. Diese Anrede Atons erfolgt aber nicht als Bitte, sondern verdeutlicht Echnatons Hingabe an seinen Gott, der durch ihn und mit ihm in der Welt zur Geltung kommt. Es ist ein persönliches Gebet an Aton von Echnaton. Während die ersten beiden Doppelverse die Menschen (=Augen) zum Thema haben, heben der letzte Doppelvers der Strophe und auch die Einzellzeile 105 mit der Nennung des Königsnamens Echnaton als den Menschen, der Aton als erster unter den Menschen vertraut ist, hervor. Die inhaltliche Abfolge der Strophe ist A – A – B – B – A – A. Der Einzelvers mit Echnatons Thronnamen ist mit seiner Kartusche verknüpft und kommt erneut in Vers 122 vor.

Wie schon die 5. Strophe ist auch die 11. Strophe (SG 108-115) als eine Abfolge von vier Doppelversen A – A – A – A mit thematischer Rekurrenz gebildet. Der Aspekt, der hier viermal in Thought couplets angesprochen ist, ist die Wirkung und Allmacht Atons in Bezug auf die Menschen. Sie sind von Aton erschaffen worden, sie sind in ihrem ganzen Leben ihm unterstellt, und auch ihr Wirken bezogen auf den Kult und die tägliche Arbeit steht unter seiner Macht.

Die 12. Strophe beschließt den Sonnengesang. Sie hebt die Personen Echnaton und Nofretete heraus und stellt sie als Mittler zwischen Aton und den Menschen dar. Die inhaltliche Abfolge der Doppelverse, Dreierverse und des Einzelverses 122 lautet folgendermaßen: A – A – B – B – B – C. Von Aton ausgehend und seiner Bedeutung für den König, wird dessen herausragende Position in der Mitte der Strophe betont. Der Einzelvers mit der Kartusche wird dabei von einem Doppelvers und einem Dreiervers gerahmt. Zwei Dreierverse am Ende des Hymnus sind jeweils Echnaton und Nofretete gewidmet. Somit leitet der erste Dreiervers mit der Nennung Echnatons den Schlussteil des Sonnengesangs ein. Die Dreierverse heben hier das Königspaar in seiner Bedeutung hervor, die nahe an Aton heranreicht, der ebenfalls mit Dreierversen in der 7. Strophe gepriesen wurde. Auffällig ist die Benutzung von *nsw* und *s3* abwechselnd in den Thought couplets (A – A – B – B), was dann durch *ḥmt nsw* (C) im letzten Dreiervers ergänzt wird.

Stele von Suti und Hor, British Museum, London, Inv. Nr. EA826

Parallelen zu weiteren altägyptischen Texten

Der Sonnengesang ist nicht allein Sinnbild und Ausdruck für eine gesamte Epoche. Er steht eingebunden in eine ganze Reihe von amarnazeitlichen Texten, die ebenfalls das Gedankengut dieses so besonderen und poetischen Textes wiedergeben, manchmal sogar zitieren. Auch schon vor der Kernzeit von Amarna lassen sich Anklänge bzw. Vorausklänge finden, die wegweisend sind. Diese Parallelen sollen hier aufgezeigt und erläutert werden, um den Sonnengesang ein breites Fundament zu geben und die Übersetzung einzubetten in einen aufgefächerten Textcorpus.

Bereits auf der Stele der Baumeister Suti und Hor (British Museum, Inv. Nr. EA826, Abb. S. 38)[21] aus der Zeit Amenophis III, Echnatons Vater, lassen sich Ideen finden, die schließlich ausgefeilt im Sonnengesang ebenfalls auftreten; auf der Stele gelten die Aussagen dem Gott Amun in seiner Form als Harachte, als Sonnengott. Bei Echnaton ist ausschließlich Aton bzw. Re / Re-Harachte angesprochen. Das Gedankengut, das bei Echnaton nahezu plötzlich in Fülle erscheint, hat also eine Vorgeschichte[22] zu Zeiten seines Vaters, der mit dieser Anrufung und Preisung des Harachte den poetischen Rahmen und eine Dichte an Gedanken schafft, die für den Sonnengesang Echnatons dann explizit wird.

In der Zeile 4-5 heißt es (die Zeilenangaben beziehen sich hier und im Folgenden auf den jeweilig genannten Paralleltext):

> Du durchfährst den Himmel und jeder kann dich sehen; jedoch ist dein Lauf ein Geheimnis in ihren Augen.

Diese Aussagen findet sich im Sonnengesang SG 11-12 wieder, in denen es heißt:

> Du bist fern, dennoch reichen deine Strahlen auf die Erde.
>
> Sie sehen dich, jedoch erkennen sie deinen Lauf nicht.

Im Sonnengesang ist die Formulierung präziser gefasst, aber die Grundaussage bleibt gleich. In beiden Fällen wurde für das Wort „Lauf" *šm* verwendet.

Am Ende der Zeile 6 und zu Beginn der Zeile 7 findet sich die Aussage:

> Jedes Auge – sie sehen durch dich. Sie vermögen es aber nicht, wenn deine Majestät untergegangen ist.

Schärfer formuliert und drastischer dargestellt lautet es im Sonnengesang (SG 19-20):

> Die Nacht gleicht dem Grab, die Erde schweigt,
>
> ist doch ihr Schöpfer am Firmament untergegangen.

Hier wird auch mit einem Vergleich gearbeitet, während auf der Stele lediglich eine Beschreibung vorliegt.

Im weiteren Verlauf der Zeile auf der Stele heißt es dann:

> Du bringst das Erwachen beim morgendlichen Erscheinen; deine Strahlen öffnen die Augen der Menschen.

In SG 21-23 im Sonnengesang lautet es ganz ähnlich:

> Der Tag bricht an, du bist am Horizont erschienen und leuchtest als Tagesgestirn;
>
> denn du vertreibst die Finsternis, sobald du deine Strahlen aussendest.

Das Erwachen der Menschen ist Thema dann in den folgenden Zeilen des Sonnengesangs in größerer Ausführlichkeit. Auch die ersten 3 Doppelverse des Sonnengensangs (SG 1-6) befassen sich mit dem Lobpreis auf die Einrichtung von Sonnenaufgang und Sonnenuntergang, von Erfüllung und Ausleuchtung des Horizontes am Tag sowie mit der sichtbaren, aber unbegreiflichen Strahlkraft des Gottes.

In der Zeile 8 findet sich eine nahezu exakte Parallele zum Sonnengesang SG 13-14:

> Gehst du im Westen unter, so entsprechen sie (=die Menschen) dir in der Art des Todes.

Die Passage wird in beiden Fällen von den Wörtern *ḥtp* und *sḥr (n) mwt* gerahmt.

In den Zeilen 12-14 heißt es bei Suti und Hor:

> der die beiden Länder mit seiner Sonnenscheibe hell werden lässt; der Urzeitliche, der sich selbst erschaffen hat; der alles sieht, was er allein geschaffen hat; der täglich das Ende der Länder erreicht unter dem Blick derer, die dort wandeln; der in der Gestalt als Re am Himmel erstrahlt. Er schuf die Jahreszeiten in Monaten: die Hitze, die er schätzt, die Kühle, die er schätzt. Er gibt die Mattigkeit der Glieder, fügt sie aber auch wieder zusammen. Das ganze Land jubelt ihn zu preisen, wenn er täglich erstrahlt.

Hier sind zahlreiche Übereinstimmungen mit dem Sonnengesang zu finden, die in dieser Kompaktheit dort nicht vorkommen, aber doch verstreut wieder zu finden sind; zum Teil werden dieselben Wörter benutzt, um einen Gedanken auszudrücken. Im Sonnengesang sind einzelne dieser Gedanken detaillierter ausgeführt und füllen sogar eine ganze Strophe:

— SG 21-22: *Der Tag bricht an, du bist am Horizont erschienen und leuchtest als Tagesgestirn.* In beiden Textzeugnissen kommen für diese Formulierung typischen Wörter *ḥḏ-tꜣ* und *jtn* vor.

— SG 55-56: *Du erschaffst die Erde nach deinem Willen geschaffen, du allein.*

— SG 7-8: *Deine Strahlen umarmen die Länder allumfassend, und darin alles, was du erschaffst.* In beiden Formulierungen lassen sich die Wörter *rꜣ-ꜥ* und *tꜣw* finden, die die Aussage tragen.

— SG 9: *Du bist die Sonne, vorstoßend bis in die fernsten Regionen.* Im Sonnengesang ist die Aussage wesentlich poetischer gefasst als auf der Stele. In beiden kommt die Formulierungen *m Rꜥ* vor.

— SG 87-88: *Du teilst das Jahr ein: die Winterzeit – sie zu erfrischen; die Sommerhitze – die sie versengt.* Auch hier ist auf der Stele die Aussage einfacher und schlichter gehalten durch die parallele Verwendung mit zweimal *m rw=f*. Die Aussage des Erschaffens (*jrj*) der Jahreszeiten (*tr*) ist allerdings gleich. Die Paarung Sommer – Winter im Sonnengesang steht der Paarung Hitze – Kühle auf der Stele gegenüber, die beide ähnliche Aussagen tragen.

— SG 25-26: *Ihre Arme sind im Lobpreis erhoben, denn du erscheinst.* Auf der Stele (Zeile 14) heißt auch hier etwas weniger festlich, eher alltäglich: *Jedes Land jubelt bei seinem täglichen Erscheinen, um ihn zu ehren.* Die Wortwahl ist in beiden Textzeugnissen durchaus unterschiedlich, jedoch der Sinn ganz ähnlich den Wörtern zu entnehmen.

Grenzstele U in Amarna

In den Grenzstelen[23], die Amarnas Ausdehnungen im Wesentlichen abstecken,[24] lässt sich das bekannte amarnazeitliche Gedankengut wiederfinden. Stellvertretend für die 16 gefundenen Grenzstelen[25] werden hier die Parallelen in der Grenzstele K, die zu der Serie der frühen Proklamation gehört, gezogen.

— In Kolumne X heißt es auf der Stele K *wie die Sonnenscheibe, wenn sie erscheint an ihrem Horizont, wenn sie das Land mit ihrer Liebe(?) füllt.* Im Sonnengesang SG 3-4 lautet die Parallele: *Gleichsam mit deinem Aufgang im Osten, erfüllst das ganze Land mit deinem Glanz.* Da das Wort Liebe auf der Stele bis auf wenige Hieroglyphen zerstört ist, könnte auch hier eine Schreibung für „Glanz“ angesetzt werden. In beiden Textstellen werden die Wörter *wbn*, *ꜣḫt*, *mḥ* und *tꜣ* verwendet, was die Parallelität noch einmal unterstreicht. Eine andere Spielart des Gedankens in SG 4 findet sich in Zeile 3: *wenn er sie erfüllt (mḥ) mit seinen gütigen und liebvollen Strahlen* und in der Zeile 10 *Er erfüllt (mḥ) das Land (tꜣ) mit seinen Strahlen.* Das Aus- und Anfüllen des Landes und der Menschen durch die Strahlen, die auf jeden Fall mit positiven Eigenschaften versehen sind, charakterisiert diesen Gedanken.

— Die Freude der Menschen, ihr Jubel[26] und ihr uneingeschränktes positives Vertrauen in Aton ist Thema in den Zeilen Sonnengesang SG 25-26. Bereits in der Stele von Suti und Hor konnte eine Parallele dazu gefunden werden und auch in der Grenzstele K kommt dieser Gedanke vor. In Kolumne XI-XII lautete es: *das Land ist in Freude und jedes Herz jubelt über alle Maßen, wenn es dich sieht.*

— Zum Sonnengesang SG 103 *Du bist mir ins Herz gegeben!* findet sich auf der Grenzstele K in Zeile 5 folgende Parallele: *Er aber ist, der dein Herz erfüllt immer und überall.* In beiden Stellen kommt die Formulierung *m jb=k* vor.

Neben dem Sonnengesang ist eine deutlich kürzere Version in den Gräbern des Merire I[27], des Jpy[28], des Any[29], des Mahu[30] und des Tutu[31] belegt, die als Kleiner Sonnenhymnus[32] bekannt ist und insgesamt eine Variante des Großen Sonnengesangs darstellt, allerdings mit eigenen Akzenten und mit zum Teil anderen und ausführlicheren Themen. Auch dieser kürzere Hymnus wird, wie der Große Sonnengesang, dem König selbst in den Mund gelegt. Eine Einleitung ist im Grab des Jpy vorangestellt, die zunächst den Gott mit seinen Titeln und ihm folgend den König als Sprecher benennt.

Beide Hymnen[33] beginnen mit denselben Wörtern im ägyptischen Imperfekt (SG 1), das eine punktuelle Aktion nominal umschreibt. Dann folgt im Weiteren die Nennung des lebensspendenden Gottes Aton (SG 1), der in beiden Textzeugen dann mit „schön“ und „strahlend“ (SG 5-6) beschrieben wird. Die Anordnung variiert, doch ist die Parallele offensichtlich. Im Kleinen Sonnenhymnus ist der Text dichter, kürzer und umfasst nur den Anfang der zweiten Kolumne, während im Großen Sonnengesang eine ganze

Säule im Grab des Panehsi (TA 6) in Amarna

Strophe zum Thema „Die Gegenwart des sichtbaren Atons“ gestaltet wird.

Im mittleren Teil der zweiten Kolumne[34] folgt dann die Formulierung

> deine Strahlen – du bist fern – sie reichen jedoch in jedes Gesicht,

die mit dem Sonnengesang (SG 11)

> Du bist fern, dennoch reichen deine Strahlen auf die Erde

inhaltlich und zum Teil auch mit dem Gebrauch der Wörter übereinstimmt.

In der dritten Kolumne[35] wird im Kleinen Sonnenhymnus die Erschaffung der Welt mit all seinen Kreaturen beschrieben. Genannt werden die Menschen, Vieh und Kleinvieh. Die Abfolge der hierfür benutzen Wörter stimmt mit dem Sonnengesang (SG 57) überein. Dann schließen sich die Bäume und alles, was auf der Erde wächst im Kleinen Sonnenhymnus an die Menschen und Tiere an. Die Bäume, Kräuter und Gras werden im Großen Sonnengesang (SG 28-29) im Zusammenhang mit dem Vieh erwähnt, dem dieses als Nahrungsquelle dient.

Abgeschlossen wird diese Passage[36] im Kleinen Sonnenhymnus mit der Formulierung

> Sie leben, wenn du erscheinst.

Dieser Ausdruck kommt in ähnlicher Form auch im großen Sonnengesang (SG 110) vor. Die Grammatik und die Wörter sind in beiden gleich, jedoch der Fokus der Aussage ist verschoben, denn im Sonnengesang heißt es:

> Gehst du auf, leben sie.

Die Relation Beter zu Angebetetem spiegelt sich in dieser Formulierung jeweils wieder. Im Kleinen Sonnenhymnus lotet der Beter sein Leben als Folge des Erscheinens des Gottes aus. Im Großen Sonnengesang wird die Folge des Aufgehens der Sonne als Leben für alle in den Vordergrund gestellt, ausgehend vom Sonnenaufgang.[37] Dieser Perspektivwechsel wird auch in den Gebeten an den Sonnengott aus den Gräbern des Merire I, des Huya und des Ahmose deutlich.[38]

In der Mitte der vierten Kolumne[39] folgt die Wendung

> ihre Augen – wenn du erscheinst, sehen sie dich darin.

Grab des Eje (TA 25) in Amarna

Säule im Grab des Eje (TA 25) in Amarna

Den Menschen gehen wörtlich die Augen auf. Es ist eine Reflektion der Sonne in den Augen der Menschen, die sie den Gott sehen und erkennen lässt. Eine inhaltliche Variante dieses Themas poetisch ausgefeilt findet sich im Sonnengesang (SG 95-96) am Ende der 9. Strophe mit einer leichten Verschiebung der Bedeutung auf Aton hin:

> Jedes Auge sieht dein sich reflektierendes Ich in seinem Gegenüber,
>
> wenn du als Tagesgestirn über ihnen stehst.

Am Ende der vierten Kolumne[40] beginnt der Ausdruck

> Gehst du unter im westlichen Horizont des Himmels, schlafen sie wie im Zustand des Todes.

In Wort und Satzstruktur entspricht dies dem Sonnengesang (SG 13-14):

> Mit deinem Versinken am westlichen Horizont,
>
> fällt die Erde in Finsternis und ist wie tot.

Im großen Sonnengesang wird der Rahmen etwas weiter gespannt, denn das Untergehen Atons wirkt sich nicht nur auf die Menschen, auf ihren Schlafzustand aus, sondern auf die gesamte Erde, auf seine ganze Schöpfung.

Im Grab des Jpy[41] schließt sich an die zuletzt genannte Formulierung in der fünften Kolumne direkt die Aussage an:

> Ihre Häupter sind verhüllt.

Sie kommt im Sonnengesang (SG 16) genauso vor Es umschreibt in poetischer und auch ganz praktischer Weise die Dunkelheit, die die Menschen umgibt, sobald die Sonne, d. h. der Gott, untergegangen ist und sie sich zum Schlafen zudecken.

Zum Ende der fünften Kolumne[42] fügt sich dann die Aussage an, die sich im Sonnengesang (SG 25) zum Ende der 3. Strophe finden lässt:

> ihre Arme sind im Lobpreis erhoben.

Beide Hymnen benutzen für diese Formulierung dieselben Wörter und Satzstruktur. Im Kleinen Sonnenhymnus schließt der Satz mit „für deinen Ka" ab, der im Sonnengesang nicht vorkommt, da die Richtung der Freude der Menschen die ganze 3. Strophe umfasst.

Relief mit Echnaton und Nofretete unter dem Strahlenaton im Grab des Pentu (TA 5) in Amarna

In der Mitte der sechsten Kolumne[43] folgt die Formulierung:

ein Fest ist in jedem Land,

die sich mit der Variante

Ein Fest ist in den Beiden Ländern

im Sonnengesang (SG 23) deckt. Hier liegt die Betonung auf Atons Kerngebiet Ägypten selbst, während im Kleinen Sonnenhymnus die gesamte Welt mit einbezogen wird.

Im Übergang von Kolumne 8 zu 9[44] lautet es:

Ich bin dein Sohn, der für dich nützlich ist ... deine Allmacht ist dauerhaft in meinem Herzen.

Diese Aussage entspricht der im Großen Sonnengesang (SG 103) inhaltlich:

Du bist mir ins Herz gegeben!

Während im Kleinen Sonnengesang eine eher standardmäßige Formulierung vorliegt, in der der Sohn nützlich und gut für den Vater ist, ist der Tonfall im Großen Sonnengesang wesentlich inniger und emphatischer.

Die untere Hälfte der 9. Kolumne[45] im Kleinen Sonnenhymnus und der Große Sonnengesang (SG 89-90) in der 9. Strophe entsprechen sich wortgetreu. In beiden Textzeugen heißt es:

Du hast den Himmel hochgewölbt,

um an ihm aufzugehen und dein Werk zu betrachten.

Einziger Unterschied ist die Einleitung dieser Thought couplets im Kleinen Sonnenhymnus. Der in beiden Texten folgende Satz:

Einzig/allein bist du

führt inhaltlich die Schöpfung durch Aton weiter. Im Kleinen Sonnenhymnus[46] und im Großen Sonnengesang (SG 93) wird nun das millionenfache Erschaffen Atons aus sich selbst heraus betont, jedoch im Großen Sonnengesang erst nach einem kleinen Einschub über die Sonnenscheibe am Horizont.

Im Grab des Tutu endet der Kleine Sonnenhymnus mit einer Beschreibung der Vögel, die in Freude für Aton ihre Flügel schlagen:

Die Vögel in den Nestern sind voll Freude.

Sie breiten ihre angelegten Flügel als Lobpreis für den lebenden Aton aus.

Relief im Grab des Panehsi (TA 6) in Amarna mit der Darstellung des Echnaton und der Nofretete, die Gott Aton Opfer darbringen

Dies deckt sich inhaltlich und auch im Wortgebrauch mit dem Sonnengesang (SG 30-31), in dem es heißt:

> Die Vögel schwingen sich aus ihren Nestern empor,
> ihr Flügelschlag ist Lobpreis für deine Allmacht.

Insgesamt zeigen die vielen inhaltlichen und wortgetreuen Parallelen, wie eng der Große Sonnengesang und der Kleine Sonnenhymnus nebeneinander stehen. Gerade die genau gleichen Passagen in beiden Texten lassen vermuten, dass es ein Konvolut gab, eine Textssammlung, aus der für die Konzipierung eines Sonnengebetes geschöpft wurde. Mal länger und mal kürzer, mal poetischer, mal prägnanter ließ die Hand des jeweiligen Schreibers und Konzeptors diesen Sonnengesang dann gelingen.

Zusätzlich ist in den Gräbern des Merire I (Grab Nr. 4), des Huya (Grab Nr. 1), und des Ahmose (Grab Nr. 3) ein Hymnus bzw. ein Gebet an Aton und Echnaton[47] belegt.

Im ersten Teil der Anrufung richtet sich der bzw. die Betende[48] zunächst an Aton. In diesem Teil des Textes sind folgende Parallelen zum Sonnengesang ausdrücklich zu erwähnen:

In der ersten Kolumne[49] des Gebetes lautete es:

> der, der alles Sein erschuf.

Diese Aussage in einer inhaltlich etwas erweiterten Formulierung wird im Sonnengesang (SG 55-56) so ausgedrückt:

> Du hast die Erde nach deinem Willen geschaffen, du allein.

Sowohl die Beschreibung des Alleinseins des Gottes Aton zum Zeitpunkt der Schöpfung der Welt, als auch die Erschaffung als Herzensangelegenheit des Gottes, gehen über die Konzipierung in diesem Gebet hinaus. Es bleibt jedoch die Basis der Aussage, dass Aton die Welt erschaffen hat, gleich.

Im Übergang zur zweiten Kolumne folgte ein Thought couplet, das dem Sonnengesang (SG 7-8) entspricht. In den hier genannten Gräbern heißt es:

> Du erstrahlst am östlichen Horizont des Himmels,
> um alles, was du erschaffen hast zu beleben.

Im Sonnengesang ist es zwar poetischer skizziert, aber in beiden Thought couplets kommt die Verantwortlichkeit Atons für seine Schöpfung, für alles, was er erschaffen hat, deutlich zur Sprache. Beiden Texten gemeinsam ist die Formulierung für „alles, was du erschaffen hast".

Im weiteren Verlauf dieser zweiten Kolumne wird in diesem Gebet präzisiert, was Aton erschaffen hat:

> nämlich Menschen, Kleinvieh, Vögel, sowie alles Gewürm der Erde.

Diese Aufzählung entspricht weitgehend der im Sonnengesang (SG 57-59), indem auch hier wieder ein erhöhter poetischer Gehalt vorzufinden ist:

> mit allen Menschen, mit allem Wild und Vieh,
> mit allem, was auf der Erde lebt, laufen kann
> mit allem, was sich emporschwingt und fliegt.

Dieser erste Teil dieser Lobpreisungen auf Aton und Echnaton wird in Kolumne 2-3 abgeschlossen mit einer Kernaussage, die im Sonnengesang SG 110-111 gleichermaßen formuliert ist:

> Sie leben, wenn sie dich sehen.
> Entsprechend sterben sie, wenn du untergehst.

Diese Aussage deckt sich mit SG 110-111:

> Gehst du auf, leben sie.
> Gehst du unter, sterben sie.

Der Aton-Name in Kartuschen eingefasst aus dem Haus N 49.06 in Amarna (Ägyptisches Museum, Berlin 2045, 20720)

Bemerkenswert ist hier die Satzstellung, die den Betenden und das Gebet zueinander in Beziehung setzen und den Blickwinkel dieser Wechselseitigkeit deutlich machen. Erst diese Gegenüberstellung von Sonnengesang und Gebet aus diesen Gräbern zeigt dies offenkundig: Im Sonnengesang wird dieses Credo Echnaton selbst zugeschrieben und ihm in den Mund gelegt. Eingeleitet mit „er sagt" wendet sich Echnaton seinem Gott zu. Somit beziehen sich die zuerst genannten Verben aufgehen und untergehen auf den Gott. Erst an zweiter Position ist die Auswirkung dieser Aktion ausgedrückt. Aton steht hier klar an erster Position sichtbar und unsichtbar in der Anrufung. Echnaton ist diese direkte Ansprache Atons eigen, die den Sonnengesang durchweg kennzeichnet. Echnaton kennt seinen Gott und weiß um seine Auswirkungen auf die Welt und alles Sein. In seinen Formulierungen wird die Größe und Wahrhaftigkeit des Gottes deutlich, und er steht selbstbewusst und nahezu gleichberechtigt neben und vor seinem Gott.

Relief im Grab des Merire I (TA 4) in Amarna mit Darstellung Echnatons und Nofretetes beim Inzensieren von Gaben

In dem Gebet aus den drei Gräbern wird Atons Präsenz und die Auswirkungen seines Seins erst durch die Interpretation des Sichtbaren möglich. Der Betende geht von sich aus und interpretiert hier sein Sein, das in der Abhängigkeit des Göttlichen steht. Das eigene Sein wird interpretiert und auf göttliches Wirken zurückgeführt. Der Fokus ist zwar nach wie vor der Gott selbst, aber die Blickrichtung geht vom eigenen irdischen Dasein aus und reicht zu Aton herüber. Der Betende stellt sich als Kleingläubiger, als Bittender, dar, der mit seinem Geist einen Funken der göttlichen Herrlichkeit erhaschen möchte.

Diese unterschiedliche Perspektive des Sprechens und dieser differierende Standpunkt des Betenden ist ein wesentlicher Unterschied zwischen den allgemeinen Hymnen an Aton und auch dem Kleinen Sonnenhymnus, die einem Privatmann in den Mund gelegt werden und dem Sonnengesang, der von Echnaton gesprochen wird.

Im Grab des May[50] in Amarna (Grab Nr. 14) befindet sich auf der nördlichen Durchgangswand des Eingangs ein Hymnus an den Gott Aton und an Echnaton. Ihre Beziehung zueinander und ihre Bedeutung für die Menschen, das Land und Achetaton werden besonders betont. Der Fokus ist also gegenüber dem Sonnengesang aus dem Grab des Eje leicht verschoben. Bei Eje steht der Gott Aton und seine Beziehung zur Welt deutlich im Vordergrund, während Atons Verhältnis zu Echnaton erst an zweiter Position rangiert und eher einer Beauftragung des Königs entspricht. Dieser Gedanke schließt den Sonnengesang im Grab des Eje ab und trägt wohl eher der Beziehung Ejes zu Echnaton Rechnung. Die Kolumnen 3-4 des Textes aus dem Grab des May entsprechen dem Sonnengesang aus dem Grab des Eje SG 1-10, also fast der gesamten 1. Strophe. Inhaltlich passen diese Verse in beide Hymnen und ergänzen die jeweilige Fokussierung der Texte. Lediglich einige orthographische Varianten sind festzustellen, ansonsten ist der Text identisch.

Im Grab des Panehesi[51] (Grab Nr. 6) in Amarna ist im Türdurchgang auf der Westseite ein Hymnus/Gebet Panehesis angebracht, in dem dieser den morgendlichen Aton verehrt. Dieser Hymnus ist in Teilen in Thought couplets und Thought triplets gestaltet, ähnlich wie der Große Sonnengesang . In den Kolumnen 3-4

> Du erleuchtest den Himmel, du erhellst den Morgen im Horizont des Himmels

steht eine direkte Parallele zu Sonnengesang SG 1:

> Glänzend erstrahlst du am Horizont des Himmels, du lebensspendender Sonnengott.

In beiden Textteilen lassen sich identisch Wörter und die identische grammatische Konstruktion entdecken. Während im Sonnengesang der zweite Vers dann den ersten interpretiert und die Bedeutung des morgendlichen Erscheinens der Sonnen herausstellt, nämlich den Zusammenhang zwischen Sonnen und Leben, wird im Grab des Panehesi im zweiten Vers eine Spielvariante des ersten genannt. Hier steht ein ganz echtes Thought couplet, während im Sonnengesang der zweite Vers eine inhaltliche Erweiterung darstellt.

In der Kolumne 4-6 dieses Textes im Grab des Panehesi findet sich eine gleiche Idee wie im Sonnengesang SG 25-26. Im Hymnus bei Panehesi heißt es:

> Jedermann lebt in deinem Anblicken,
>
> das ganze Land ist vollkommen (darin), wenn du aufgehst;
>
> ihre Arme sind im Lobpreis (erhoben), wenn du erleuchtest.

Ein wunderbares Thought triplet breitet hier die Bedeutung der Sonne, des Aton, für den Menschen aus und unterstreicht ihre Beziehung, die Abhängigkeit des Menschen.

In einer Opferinschrift eines Talatats aus dem 2. Pylon in Karnak[52] wird in der Kolumne 5 kurz und knapp festgehalten:

> Der für ihn erscheint, der ihn umarmt, der ihn umfängt mit seinem Licht.

Diese Aussage ist quasi eine Zusammenfassung der Zeilen im Sonnengesang SG 3-8:

> Gleichsam mit deinem Aufgang im Osten,
> erfüllst das ganze Land mit deinem Glanz.
>
> Du bist wunderschön und unfassbar,
> strahlend hell und erhaben über allem Land.
>
> Deine Strahlen umarmen die Länder allumfassend,
>
> und darin alles, was du jemals erschaffst.

Relief im Merire I (TA 4) in Amarna mit Darstellung von Streitwagen und Schiffen

Im Sonnengesang ist der Gedanke der Lichtkraft des Atons, des Daseins des Aton und seiner Fürsorge in poetischer Breite ausgeführt. Der Text aus Karnak ist lediglich eine Bildbeischrift, die entsprechend diese Gedanken nur anreißt.

Eine fragmentarische Stele[53], die im Maru-Aton gefunden wurde, ist auf beiden Seiten beschriftet. Auf der Vorderseite präsentiert der König Aton ein Libationsgefäß. Eine Königsfrau schüttelt hinter ihm stehend ein Sistrum. Neben der über ihnen stehenden Sonnenscheibe steht eine Inschrift

> Herr alles dessen, was die Sonnenscheibe (mit ihren Strahlen) umschließt

auf Aton bezogen. Pointiert könnte man „Herr der ganzen Welt" übersetzen.[54] Auch auf einem Talatat aus Hermopolis (PC 179)[55] kommt diese Formulierung vor. Ergänzt wird dieses Objekt durch eine Statuenbasis aus schwarzem Granit[56], ein Fragment aus Matarieh[57], nahe Heliopolis, und von einem Fragment aus Assiut[58], auf denen ebenfalls die Formulierung

> Herr alles dessen, was Aton umschließt

einen gleichen Herrschaftsanspruch Atons bezeugen.[59] Diese Beschreibungen finden sich auch im Sonnengesang wieder (SG 7):

> Deine Strahlen umarmen die Länder allumfassend

und in Sonnengesang SG 73 lautete es:

> O Herr aller Länder.

Zwar ist der Besitzanspruch auf die gesamte Welt verschiedentlich in den Textzeugen ausgedrückt, inhaltlich unterstreichen sie deutlich die Allmacht Atons. Alles, was er mit seinen Strahlen erreicht, steht unter seiner Gewalt.

Die Phrase „Herr alles dessen, was Aton umschließt" ist häufig eingebetet in eine Epithetonreihe: „Großer, lebendiger Aton, Herr der Sedfeste, Herr alles dessen, was Aton umschließt, Herr des Himmels und der Erde im Großen Aton-Tempel in Achet-Aton."[60] Lediglich der genannte Tempel am Ende der Reihe variiert und passt das Objekt an den jeweiligen Kultort an.

Relief im Grab des Merire I (TA 4) in Amarna mit Darstellung des Königspaars bei einer Opferweihe an Gott Aton

Im Grab des Eje in Amarna[61] (Grab Nr. 25) in der Deckeninschrift des Eingangsbereiches heißt es in der ersten Kolumne:

> Er (=Aton) ist in unserem Gesicht, jedoch kennen wir seinen Körper/ihn selbst nicht.

Im Sonnengesang (SG 12) lautet es ganz ähnlich:

> Sie sehen dich, jedoch kennen sie deinen Lauf nicht.

In beiden Sätzen ist die Grundaussage gleich: Aton ist allseits sichtbar und gegenwärtig, und dennoch ist er nicht zu begreifen und mit dem menschlichen Geist nicht zu fassen. Auch die Wortwahl ist vergleichbar in beiden Textstellen.

Im Grab des Pentu[62] (Grab Nr. 7) auf der Südseite des Durchgangs (3. Kolumne) wird die Formulierung aus dem Sonnengesang SG 16

> kein Auge kann ein anderes erblicken

ähnlich ausgedrückt. Zusätzlich ist hier noch bemerkenswert, dass im Folgenden beider Texte (SG 18 und Kol. 3) das Wort „Getier" zu finden ist. Zwar variiert hier der Sinn deutlich. Denn im Sonnengesang treten diese Tiere als Plage auf, bei Pentu werden sie durch das Sonnenlicht belebt. Aber die unmittelbare Nähe zum vorhergehenden Satz ist zumindest erwähnenswert.

Auf dem Goldschrein der Königin Teje[63] aus KV 55 kann auf einem Seitenpaneel folgende Inschrift, die in einer Kulthandlung wohl in Bezug auf den Gott Aton gesprochen wurde, gelesen werden:

> Aton erscheint an seinem Horizont, und seine Strahlen richten dich am Morgen auf, um ihn jeden (Tag) zu sehen.

Dieser Dreiervers ist die bezeichnende Zusammenfassung der dritten Strophe des Sonnengesangs (SG 21-26): III. Der Mensch im Angesicht Gottes

> Der Tag bricht an, du bist am Horizont erschienen und leuchtest als Tagesgestirn;
>
> denn du vertreibst die Finsternis, sobald du deine Strahlen aussendest.
>
> (=Aton erscheint an seinem Horizont)
>
> Ein Fest ist in den Beiden Ländern, wenn die Atongläubigen erwachen und vor dir stehen,
>
> denn du hast sie aufstehen, ihre Körper erfrischen und Festgewänder anlegen lassen.
>
> (=seine Strahlen richten dich am Morgen auf)
>
> Ihre Arme sind im Lobpreis erhoben,
>
> denn du erscheinst.
>
> (=um ihn jeden (Tag) zu sehen)

Relief im Grab des Merire I (TA 4) in Amarna, Ostwand der Säulenhalle mit Darstellung des Königspaars bei einer Opferweihe an Gott Aton vor dessen Großen Tempel

Die drei Thought couplets dieser Strophe des Sonnengesangs sind parallel mit den drei Versen auf dem Schrein der Teje zu stellen. Lediglich geht im Sonnengesang das Sehen mit einem Lobpreis einher.[64] Die Formulierung ist durch ihre Ausführlichkeit konkreter fassbar. Somit lässt sich für das Thought triplet auf dem Schrein der Teje dann schlussfolgern, dass das Sehen letztendlich auch das Handeln, also das Loben Atons mit einbezieht und bedingt. Umgekehrt wird deutlich, dass das kultische Agieren der Menschen, die sich in festliche Gewänder kleiden und ihren Lobpreis durch Erheben der Arme ausdrücken eine andere Form des Sehens ist: Kultisches Handeln im Aton-Kult ist zunächst und ganz prinzipiell die Anschauung des Gottes in der Sonne, die sich am Himmel zeigt. Alles Handeln der Menschen geschieht unter der Sonne, im Angesicht des Gottes, und es zeugen die kultischen Handlungen und die Festkleidung davon, dass den Menschen die Präsenz des Gottes bewusst ist.

Die Parallelität der beiden Textzeugen wird auch durch die Wortwahl deutlich, obwohl der Text auf dem Schrein kürzer gefasst ist: „erscheinen“ und „leuchten“ sind die aktiven Verben auf dem Teje-Schrein und sind in der 3. Strophe zu finden; „Horizont“ und „Strahlen“ kommen ebenfalls in beiden Textstellen vor.

Inhaltlich ergänzt und erweitert werden diese Belege durch eine Passage auf der nördlichen Durchgangswand im Grab des May[65] (Grab Nr. 14), auf der östlichen Durchgangswand im Eingang des Grabes des Ahmose in Amarna[66] (Grab Nr. 3) und auf dem östlichen Türdurchgang im Eingang des Grabes des Merire II[67] (Grab Nr. 2).

Bei May heißt das Thought couplet (Kolumne 7), das das morgendliche Erscheinen des Aton beschreibt sowie die festliche Stimmung unter den Menschen, wie sie schon aus dem Sonnengesang (SG 23-26) bekannt ist:

> Alle Länder feiern, wenn du erscheinst.
> Sie alle bringen Gaben dar für seinen Ka, für Aton, der beim Morgengrauen am Horizont erstrahlt.

Bei Ahmose und auch bei Merire II richten sich die Hymnen an die untergehende Sonne, den hinter den Horizont hinab steigenden Sonnengott. Bei Ahmose lautet es in Kolumne 1-2:

Zeichnung in schwarzer Tinte im Grab des Mahu (TA 9) in Amarna mit Darstellung eines Pferdegespanns

Die beiden Länder und die ganze Menschheit sind im Jubel vor deinem Antlitz.

Bei Merire II heißt es in Kolumne 1:

Scheidest du aus dem Leben (=gehst du unter), preist dich [das Land].

Der Osten und der Westen allumfassend jubeln für dich.

Da sich diese beiden zuletzt genannten Hymnen an den abendlichen Sonnengott, an die versinkenden Sonne, richten, wird im Zusammenhang mit den anderen Belegen dieser Thematik deutlich, dass das Fest, das morgens mit dem Erscheinen der Sonne, des Gottes Aton, beginnt, den ganzen Tag über andauert und letztendlich erst mit der Dunkelheit und dem Unsichtbarsein des Gottes bei Sonnenuntergang endet. Das Sehen der Sonne, das ja den ganzen Tag über für die Menschen möglich ist und auch außerhalb von Kulträumen geschehen kann, wird allein schon als Fest verstanden. Der Tag, also die Anwesenheit des Gottes, sein Sichtbarsein am Himmel ist des Lobpreisens würdig, die das Land und die Menschen jedes Mal und andauernd über den Tag ergreift. Die bloße Anwesenheit des Gottes ist ein Fest, und alles und jeder sollte sich in diesem Zustand des Feierns, Lobens und Jauchzen befinden.

Die obigen Belege und auch der Sonnengesang suggerieren einen festlichen Moment, der mit dem Sonnenaufgang, dem Erscheinen des Sonnengottes Aton beginnt. Die Textstelle im abendlichen Hymnus aus dem Grab des Ahmose zieht diese Festlichkeit über den ganzen Tag hin bis mit dem Untergang der Sonne, dem Unsichtbarwerden des Gottes, das Fest ein Ende findet.

Dieses Fest ist das Leben, denn nur im Licht, im Sonnenlicht, existiert dieses lebendige Sein. Die Dunkelheit ist gleichgesetzt mit dem Tod. So heißt es kurz gefasst und pointiert im Sonnengesang SG 110-111:

Gehst du auf, leben sie.

Gehst du unter, sterben sie.

Das Leben der Menschen in Amarna ist sicherlich nicht jeden Tag ein Fest im herkömmlichen Sinne gewesen; auch sie mussten arbeiten und ihr tägliches Überleben durch ihrer Hände Arbeit meistern. Dass in den obigen Belegen beschriebene Festliche bezieht sich in den Textstellen

Darstellung von Soldaten im Grab des Ahmes (TA 3) in Amarna

weitgehend auf kultisches Handeln per se. Dass jeder Tag ein Fest ist, ist genauso übertrieben und eine Metapher wie, dass die Nacht der Tod ist. Jedoch bleibt die resultierende Abhängigkeit, die die Religion prägnant formuliert, deutlich: Alles lebt nur von Gott Aton selbst. Nur er gewährt Leben und lässt Leben gedeihen. Und somit ist jeder Tag mit der Nähe des Gottes zu preisen und als Fest zu verstehen, und die Nacht mit der Abwesenheit des Gottes kann nichts Gutes bringen und ist dem Todeszustand schon ziemlich ähnlich.

Dass darüber hinaus der Sonnenaufgang und der Sonnenuntergang markante zeitliche Punkte im Tagesrhythmus der Stadt Amarna waren, die kultisch bzw. zeremoniell Begangen wurde, geht aus einer weiteren Phrase desselben Textes aus dem Grab des Ahmose[68] hervor, in der es heißt:

> ... um zu lobpreisen bei deinem Emporsteigen
> und bei deinem Hinabsteigen gleichermaßen.

In weiterem Textzusammenhang wird der König selbst genannt, der diesen Kult zu Beginn eines Tages und zum Ende eines Sonnenlaufes veranlasst und wahrscheinlich auch ausführt. Somit kann dieser Beleg, den täglichen königlichen Kultlauf durch die Architektur der Stadt Amarna, die von Barry Kemp[69] ausführlich beschrieben wurde und die Amarna zur Kultbühne des Königs erhöht, ein textlicher Beleg für diese aus der Architektur abgelesene Prozession des Königs sein.

Ausführlicher wird dieses Fest zum Sonnenaufgang, dieses punktuelle, zeitlich festgelegte Zeremoniell im Grab des Pentu (Nr. 7) und im Grab des Huya (Nr. 1) geschildert.[70] Jeweils im Durchgang hinter dem Eingang des Grabes ist in Kolumnen ein Hymnus an die aufgehende Sonne zusammen mit einer Darstellung des jeweiligen Grabbesitzers im Verehrungsgestus angebracht. Das punktuelle Fest zum Sonnenaufgang wird hier sehr detailliert beschrieben: Das Zusammenkommen der Menschen unter freiem Himmel, das Jubeln und Jauchzen im Überfluss, das dankbare Niederwerfen als Zeichen für das Erscheinen des Sonnengottes (und wahrscheinlich auch als Ausdruck der Erleichterung) sowie das gnädige Aufgehen/Erstrahlen des Aton am Himmel bei einem solchen Empfang. Hier ist möglicherweise ausgedrückt, dass das Handeln der Menschen gewollt und von Aton mit Wohlwollen bedacht ist,

Relief mit der Darstellung des Königs im Erscheinungsfenster im Grab des Parennefer (TA 7) in Amarna

Schmuckornament der Decke im Grab des Panehsi (TA 6) in Amarna

denn das Voranschreiten am Himmel ist bedingt durch das kultische Jubeln und der freudige Empfang durch die Menschen. Das do-ut-des-Prinzip ist hier möglicherweise abzulesen. Zudem ist der Text gestaltet. Zwei Thought couplets rahmen ein Thought triplet. Es heißt hier:

> Das ganze Land ist zusammen gekommen in Erwartung deines Erscheinens;
>
> Ihre Arme sind jubelnd erhoben, wenn du erscheinst.
>
> Sie werfen sich ehrfurchtsvoll nieder, wenn du für die erstrahlst;
>
> sie jubeln bis zur Höhe des Himmels, wenn sie Freude über Freude empfangen;
>
> sie jauchzen, wenn sie deine Erhabenheit sehen.
>
> Denn du sendest dein Strahlen auf alle, die sich unter freiem Himmel befinden.
>
> Du hast dich mit dem Himmel vereint, wenn du so einen guten Tagesbeginn erhalten hast.

Im Grab des Eje auf der östlichen Durchgangslaibung[71] (6. Kolumne) (Grab Nr. 25) findet sich ebenfalls eine ähnliche Formulierung, die in Parallele zu der 3. Strophe des Sonnengesanges, besonders SG 23-26, zu sehen ist und diese pointiert zusammenfasst:

> Das ganze Land ist im Fest, wenn er (=Aton) erscheint.

Diese kurze und fast harmlos wirkende Formulierung schließt die gesamte Wahrheit der Abhängigkeit der Menschen von ihrem Gott, von seinem täglichen Erscheinen am Horizont und ihre Erleichterung über diese tägliche Zuwendung, die sich in feierlichem Gebaren ausdrückt, mit ein.

Im Grab des Tutu in Amarna auf der südlich Durchgangswand[72] (Grab Nr. 25) (4. Kolumne) findet sich eine wortgetreue Parallele zum Sonnengesang SG 22

> denn du vertreibst die Finsternis, sobald du deine Strahlen aussendest.

Während im Sonnengesang die Anrede in der 2. Person Singular erfolgt, wird im Grab des Tutu die 3. Person Singular verwendet:

> er vertreibt die Finsternis, sobald er seine Strahlen aussendet.

Im Grab des Tutu ist der Zusammenhang enger an die Belebung der Schöpfung angeschlossen, für die die Dunkelheit vertrieben wird. Im Sonnengesang gehört diese Zeile zum Beginn der 3. Strophe, die dem Menschen im Angesicht Gottes gewidmet ist. Ziel und Ausrichtung der Strophe ist

Der Nordpalast in Amarna

der Lobpreis, den die Menschen Aton erweisen, nachdem er erneut für sie aufgegangen ist.

Im Grab des Mahu auf dem äußeren Türdurchgang[73], rechte Seite (2. Kolumne) (Grab Nr. 9) spielt ein Phrase auf die nahezu physische Erschaffung der Menschen an:

> Der Gott, der die Menschen erschafft, der die Beiden Länder belebt.

Diese prägnante Formulierung findet ihre Parallele im Sonnengesang (SG 55-57) etwas ausführlicher und poetisch breiter ausgeführt:

> Du erschaffst die Erde nach deinem Willen geschaffen,
>
> du allein,
>
> mit allen Menschen, mit allem Wild und Vieh,

Im Grab des Mahu wird die Erschaffung des Menschen explizit genannt; im Sonnengesang wird der Menschen, zwar an erster Stelle, aber dann doch in einem Zug mit den Tieren genannt, was im Grab des Mahu dann im zweiten Teil der Phrase zusammenfassend genannt wird. Es handelt sich hier eher um eine inhaltliche Parallel, denn eine wortgetreue; der Gedanke, dass Aton Menschen und Tiere erschafft und die Erde und damit die Beiden Ländern belebt, kommt in beiden Fällen jedoch klar zum Ausdruck.

Auf der Stele des Nachtmin[74] (rechte Seite) wird Aton mit dem Epitheton

> Herr der Fremdländer

betitelt. Poetisch umschrieben wird dieses kurze Epitheton im Sonnengesang SG 60-63 (mit den Fremdländern, Syrien und Nubien, die zu Ägypten gehören):

> Du gibst jedem seinen Platz im Leben, um für ihn zu sorgen. Jeder hat Nahrung und seine Lebenszeit ist bestimmt

und SG 73:

> O Herr aller Länder, der für sie aufgeht

und inhaltlich ausgefüllt. Es wird im Sonnengesang erklärt, was hier pointiert auf der Stele gesagt wird: Aton ist für das gesamte Leben in allen Ländern der Erde verantwortlich.

In der Inschrift auf dem Skarabäus, heute im British Museum, London, Inv. Nr. 51084[75], wird mit dem Epitheton „Herr der Lebenszeit" ein Gedanke genannt, der auch zweimal im Sonnengesang vorkommt: In SG 63 ist dieser umschrieben mit

seine Lebenszeit ist bestimmt

und SG 112 mit

Du bist die Lebenszeit selbst.

Aton ist Herr der Lebenszeit jedes einzelnen lebenden Geschöpfes.

Im Grab des Eje auf der östlichen Durchgangslaibung[76] (9.-10. Kolumne) (Grab Nr. 25) wird in einer kurzen Phrase auf die Bedeutung des Nils für Ägypten hingewiesen, die in Parallele zu der Strophe über das lebensspendende Wasser im Sonnengesang steht. Bei Eje heißt es:

Der Nil strömt ohne Unterlass (=der Nil ist täglich im Fluss), damit Ägypten leben kann,

Im Sonnengesang SG 67-69 heißt es ähnlich:

Du erschaffst den Nil in der Tiefe und lässt ihn hervorquellen nach deinem Willen, um den Menschen Leben zu schenken.

Im Grab des Tutu wird auf dem westlichen Architrav[77] (Grab Nr. 25) zum Schluss mit drei Wörtern die gesamte 8. Strophe des Sonnengesangs zusammengefasst genannt, besonders SG 67 und 76. Auf dem Architrav heißt es:

Der Schöpfer allen Wassers.[78]

Zwar wird im Großen Sonnengesang die Bedeutung des Wassers, seine Herkunft und seine Bedeutung für die Menschen ausführlich beschrieben, was im Grab des Tutu nur intuitiv erfasst werden kann, jedoch Aton als Beherrscher des Wassers steht in beiden Texten deutlich im Vordergrund.

Im Grab des Merire I[79] (Grab Nr. 4) wird in Kolumne 5 des äußeren Türdurchgangs (östliche Seite) festgehalten:

Du, der die Augen fertigte, von allen (Menschen), die er erschaffen hat.

Die Erschaffung der Augen bzw. des Blickes stimmt mit einer Passage aus dem Sonnengesang (SG 99) überein, in der es heißt:

Du erschaffst seinen erkennenden Blick.

Die Augen stehen pars pro toto für die Menschen, die erschaffen wurden, um Aton zu sehen und zu lobpreisen. Ihr Leben ist vollständig abhängig von Aton, von seinem Aufgehen und seiner täglichen Präsenz. Gleichzeitig bestimmen der Lobpreis und der Jubel für diesen Gott ihren Tagesablauf, der ihren Lebenszweck darstellt. Damit

ist dem ureigenen ägyptischen Prinzip des do-ut-des Ausdruck verliehen.

Im Grab des Eje in Amarna[80] (Grab Nr. 25) befinden sich Textkolumnen in der Laibung des äußeren Türdurchgangs. Diese sind im oberen Bereich weit reichend zerstört, jedoch in den unteren Teilen recht gut erhalten. Thematisch beschreiben sie Aton als Gott und seine Beziehung zum König und zur Königin, deren Titulaturen im unteren Teil der Kolumnen jedes Mal genannt werden.[81] In der äußersten rechten Kolumne der rechten Laibung steht folgender Text:

> Der das Land regiert für den, der ihn auf seinen Thron eingesetzt hat;
>
> der das Sein des Landes in den Dienst stellt für den, der es erschuf.

In diesem Thought couplet wird ausgedrückt, dass Echnatons Regierungsverantwortung von Aton direkt bestimmt wurde und dass im Gegenzug und sozusagen auf gleicher Ebene das gesamte Land in den Dienst des Gottes gestellt ist. Hier werden eine Beziehung und eine Vertrautheit zwischen Gott und König ausgedrückt, die nahezu einer Symbiose entspricht. Die eingesetzte irdische Macht kommt von der göttlichen Allmacht; die Welt allein ist zum Gottesdienst bestimmt. Im Sonnengesang SG 104-107 wird dieser Beziehung auch Ausdruck verliehen, zwar mit anderen Wörtern, aber der inhaltliche Bezug ist deutlich:

> Kein andere außer deinem Sohn weiß um dich,
>
> Vollkommen sind die Gestalten des Re – Einziger des Re (=Echnaton).
>
> Du weihst ihn ein
>
> dank deiner Vorsehung und deiner Macht.

Im Grab des Any in Amarna auf der äußeren Türlaibung[82] (links, 2. Kolumne) (Grab Nr. 23) verehrt Any in einem kurzen Hymnus den Sonnengott Aton. Eine Phrase des Textes lautet:

> ... dessen Erscheinen für jedermann Leben bedeutet.

Im Grab des Panehesi auf dem Türsturz der nördlichen Tür[83] (links, 2. Kolumne) (Grab Nr. 6) preist der Grabherr Aton mit denselben Worten:

> Dein Erscheinen ist Leben für jedermann.

Im Sonnengesang SG 110 heißt es ganz ähnlich:

> Gehst du auf, leben sie.

Sowohl „aufgehen“ als auch „leben“ kommen in beiden Belegen vor. Inhaltlich entsprechen sich ihre Aussagen, selbst wenn der grammatische Aufbau der Phrasen unterschiedlich ist: Bei Any handelt es sich um einen Relativsatz, bei Panehesi um

einen Nominalsatz und im Sonnengesang um ein punktuelles Perfektivum.

Auf dem Türsturz der südlichen Tür im Grab des Panehesi in Amarna[84] (Grab Nr. 6) (links, 2.-3. Kolumne) heißt es ergänzend:

Sie leben, wenn du erscheinst.

Hier wird die Argumentation ausgehend von der sprechenden Privatperson im Gegenüber zum Sonnengesang umgekehrt. Das Leben der Menschen ist abhängig von dem morgendlichen Erscheinen des Aton. Trotz dieser unterschiedlichen Fokussierung bleibt die Kernaussage in all diesen Belegen gleich: Aton ist Leben. Auch im Kleinen Sonnenhymnus kommt diese Formulierung vor und wurde bereits oben ausführlich diskutiert.

Im Grab des Mahu in Amarna auf der inneren Türumfassung[85] (Grab Nr. 9) (linke Seite, 2. Kolumne) wird mit der Phrase

Gehst du unter am westlichen Horizont,
(dann) schlafen sie

in Bezug auf den Gott Aton ein ähnlicher Gedanke ausgedrückt wie im Sonnengesang SG 111:

Gehst du unter, sterben sie.

Im Sonnengesang ist der nächtliche Zustand in diesem Vers noch etwas drastischer formuliert, aber auch das Schlafen als nächtliche Gegebenheit ist im Sonnengesang SG 15-16 benannt.

Im Grab des Panehesi in Amarna auf dem Türsturz der südlichen Tür[86] (Grab Nr. 6) (rechte Seite, 3.-5. Kolumne) sind die Aussagen aus dem Sonnengesang SG 110-111 besonders poetisch gefasst vorzufinden:

Man sagt ‚Leben', wenn man ihn sieht, und man stirbt, wenn man ihn nicht erblickt.

Diese Version der Darlegung der Abhängigkeit allen Lebens von Aton ist im Gegensatz zum Sonnengesang (SG 110-111) länger und lebendiger formuliert. In den meisten anderen Fällen ist der Sonnengesang derjenige mit größerer Ausführlichkeit, und die Parallelen sind oft knapper und prägnanter gestaltet.

Im Grab des Merire I[87] (Grab Nr. 4) in der Türdicke des äußeren Durchgangs (Westseite, 2. Kolumne) lässt sich die Aussage

Du lässt sie gedeihen für deinen geliebten Sohn

mit dem Sonnengesang (SG 118-119) übereinbringen, in dem es heißt:

Seit dem du die Erde gegründet hast, stellst du ihre Geschöpfe in den Dienst deines Sohnes.

Hier wie dort wird kommt deutlich zur Sprache, dass die Welt und ihre Geschöpfe ihre Lebensbestimmung im Dienst für den König finden. Die grundsätzliche Abhängigkeit der gesamten Welt von Aton ist damit untermauert, denn der König nimmt die Mittlerposition zwischen dem Gott und den Menschen ein. Somit ist Königsdienst auch Gottesdienst.

Bereits in dem Brief des Haushofmeisters von Memphis Jpy[88] an den noch so benannten Amenhotep IV, also noch zu Beginn seiner Regierung, aus Gurob, wird der König dreimal mit dem Epitheton „der durch die Maat lebt" (Zeilen 4, 14 (2x)) betitelt. Dieser kommt im Sonnengesang gleich zweimal vor: SG 121 und SG 123. Das Handeln sowie das ganze Leben des Königs stehen unter dem Einfluss der Maat, sind also rechtschaffend, gerecht, richtig und von Gott gewollt. Dieses Epitheton wird auch Göttern in dieser und ähnlichen Formen zugeschrieben und stellt somit den König in eine Reihe mit diesen. Es wird mit diesem Namenszusatz eine Erhöhung des Königs in gottgleiche Kreise deutlich ausgedrückt.

Auf einem Skarabäus[89], der in Luxor angekauft wurde, auf einem Fragment aus dem Haus des Nacht in Amarna (K 50.1)[90] und auf dem Altar aus dem Haus des Panehesi in Amarna (R 44.2)[91] wird Echnaton das Epitheton zuteil „groß an seiner Lebenszeit" zugeschrieben. Es gehört zu den gängigen Epitheta, die Echnaton eigen sind. Auf dem Skarabäus wird Echnaton noch in seiner Bezeichnung als Amenhotep IV angesprochen. In nahezu der gleichen Schreibung wird Echnaton im Sonnengesang (SG 125) auch mit „groß an seiner Lebenszeit" bezeichnet. Dem Wunsch nach einem langen Leben, das Gott gewollt und von ihm gewährt wird als Gnade, wird hier Ausdruck verliehen.

Altägyptische Parallelstellen gelistet nach den Zeilen im Sonnengesang (SG)		
SG 1	Grab des Panehesi, Eingang, West, Kol. 3-4	Davies, RT II, Tf. 7.
	Kleiner Sonnenhymnus, Kol. 1	Sandman, BAe 8, S. 11.
SG 1-10	Grab des May, Durchgang, Nord, Kol. 3-4	Davies, RT V, Tf. 2.
SG 3-4	Grenzstele K, Kol. X	Murnane; van Siclen, Boundary Stelae, S. 19.
SG 3-8	Talatat aus dem 2. Pylon in Karnak	Redford, in: SSEA (P) 3, 1982, S. 125-131.
SG 4	Grenzstele K, Z. 3	Murnane; van Siclen, Boundary Stelae, S. 21.
	Grenzstele K, Z. 10	Murnane; van Siclen, Boundary Stelae, S. 23.
SG 5-6	Kleiner Sonnenhymnus, Kol. 2	Sandman, BAe 8, S. 11.
SG 7	Stele aus dem Maru-Aton, Kol. 5-6	Sandman, BAe 8, S. 167.
	PC 179	Roeder, Hermopolis, Tf. 197.
	Statuenbasis aus schwarzem Granit	Edwards, Hieroglyphic Texts, S. 28, Tf. 24.
	Fragment aus Matarieh	Sandman, BAe 8, S. 157.
	Fragment aus Assiut	Sandman, BAe 8, S. 161.
SG 7-8	Stele der Baumeister Suti und Hor, Z. 13	Urk. IV, 1946, 4.
	Grab des Merire I, zweiter Durchgang, Kol. 1-2	Davies, RT I, Tf. 36.
SG 9	Stele der Baumeister Suti und Hor, Z. 13	Urk. IV, 1946, 5.
SG 11	Kleiner Sonnenhymnus, Kol. 2	Sandman, BAe 8, S. 11.
SG 11-12	Stele der Baumeister Suti und Hor, Z. 4-5	Urk. IV, 1944, 6 -9.
	Stele der Baumeister Suti und Hor, Z. 12	Urk. IV, 1946, 1.
SG 12	Grab des Eje, Decke im Eingang, Kol. 1	Davies, RT VI, Tf. 25.
SG 13-14	Stele der Baumeister Suti und Hor, Z. 8	Urk. IV, 1945, 1.
	Kleiner Sonnenhymnus, Kol. 4	Sandman, BAe 8, S. 12-13.
SG 16	Kleiner Sonnenhymnus, Kol. 5	Sandman, BAe 8, S. 13
	Grab des Pentu, südl. Durchgang, 3. Kol.	Sandman, BAe 8, S. 48-49.
SG 19-20:	Stele der Baumeister Suti und Hor, Z. 6-7	Urk. IV, 1944, 17-18.
SG 21-22	Stele der Baumeister Suti und Hor, Z. 12	Urk. IV, 1946, 5
SG 21-23	Stele der Baumeister Suti und Hor, Z. 7	Urk. IV, 1944, 19-20.
SG 21-26	Schrein der Teje aus KV 55	Sandman, BAe 8, S. 165.
	Grab des May, nördl. Durchgang, Kol. 7	Davies, RT V, Tf. 2.

	Grab des Ahmose, östl. Durchgang, Kol. 1-2	Sandman, BAe 8, S. 46.
	Grab des Merire II, östl. Durchgang, Kol. 1	Davies, RT II, Tf. 30.
SG 22	Grab des Tutu, südl. Durchgang, Kol. 4	Davies, RT VI, Tf. 15.
SG 23	Kleiner Sonnenhymnus, Kol. 6	Sandman, BAe 8, S. 13.
SG 23-26	Grab des Eje, östl. Durchgang, Kol. 6	Davies, RT VI, Tf 25.
SG 25	Kleiner Sonnenhymnus, Kol. 5	Sandman, BAe 8, S. 13.
SG 25-26	Stele der Baumeister Suti und Hor, Z. 14	Urk. IV, 1946, 9.
	Grenzstele K, Kol. XI-XII	Murnane; van Siclen, Boundary Stelae, S. 20.
	Grab des Panehesi, Eingang, West, Kol. 4-6	Davies, RT II, Tf. 7.
SG 28-29	Grab des Panehesi, Eingang, Westseite	Davies, RT II, Tf. 7.
	Kleiner Sonnenhymnus, Kol. 2	Sandman, BAe 8, S. 11.
SG 30-31	Kleiner Sonnenhymnus (Ende), Grab des Tutu	Sandman, BAe 8, S. 15.
SG 55-56	Stele der Baumeister Suti und Hor, Z. 13	Urk. IV, 1946, 3.
	Grab des Merire I, zweiter Durchgang, Kol. 1	Davies, RT I, Tf. 36.
SG 55-57	Grab des Mahu, äußere Türlaibung, rechts, Kol. 2	Davies, RT IV, Tf 28.
SG 57	Kleiner Sonnenhymnus, Kol. 2	Sandman, BAe 8, S. 12.
SG 57-59	Grab des Merire I, zweiter Durchgang, Kol. 2	Davies, RT I, Tf. 36.
SG 60-63	Stele des Nachtmin, rechte Seite	Sandman, BAe 8, S. 145.
SG 63	Skarabäus, BM Inv. Nr. 51084	Sandman, BAe 8, S. 148.
SG 67-69	Grab des Eje, östl Durchgang, Kol. 9-10	Davies, RT VI, Tf. 25.
SG 67-84	Grab des Tutu, west. Architrav	Sandman, BAe 8, S. 73.
SG 73	Stele des Nachtmin, rechte Seite	Sandman, BAe 8, S. 145.
	Stele aus dem Maru-Aton, Kol. 5-6	Sandman, BAe 8, S. 167.
	PC 179	Roeder, Hermopolis, Tf. 197.
	Statuenbasis aus schwarzem Granit	Edwards, Hieroglyphic Texts, S. 28, Tf. 24.
	Fragment aus Matarieh	Sandman, BAe 8, S. 157.
	Fragment aus Assiut	Sandman, BAe 8, S. 161.
SG 87-88	Stele der Baumeister Suti und Hor, Z. 13-14	Urk. IV, 1946, 6-7.
SG 89-90	Kleiner Sonnenhymnus, Kol 9	Sandman, BAe 8, S. 15.

SG 93	Kleiner Sonnenhymnus, Kol. 9	Sandman, BAe 8, S. 15.
SG 95-96	Kleiner Sonnenhymnus, Kol. 4	Sandman, BAe 8, S. 12.
SG 99	Grab des Merire I, äußerer Durchgang, Kol. 5	Davies, RT I, Tf. 51.
SG 103	Kleiner Sonnenhymnus, Kol. 8-9	Sandman, BAe 8, S. 14.
	Grenzstele K, Z. 5	Murnane; van Siclen, Boundary Stelae, S. 22.
SG 104-107	Grab des Eje, äußerer Durchgang, rechte Kol.	Davies, RT VI, Tf. 24.
SG 110	Grab des Any, Türlaibung, außen, unten 2. Kol.	Davies, RT V, Tf. 11.
	Grab des Panehesi, nördl. Türsturz, links, 2. Kol.	Davies, RT II, Tf. 21.
	Grab des Panehesi, südl. Türsturz, links, 2.-3. Kol	Davies, RT II, Tf. 5.
	Kleiner Sonnenhymnus, Kol. 3	Sandman, BAe 8, S. 12.
SG 110-111	Grab des Merire I, zweiter Durchgang, Kol. 2-3	Davies, RT I, Tf. 36.
	Grab des Panehesi, südl. Türsturz, rechts Kol. 3-5	Davies, RT II, Tf. 5.
SG 111	Grab des Mahu, inneren Türumfassung, links, 2. Kol.	Davies, RT IV, Tf 27.
SG 112	Skarabäus, BM Inv. Nr. 51084	Sandman, BAe 8, S. 148.
SG 118-119	Grab des Merire I, äußere Türdicke, Kol. 2	Davies, RT I, Tf. 51.
SG 121, 123	Brief des Jpy an Amenhotep IV, Z. 4, 14	Sandman, BAe 8, S. 147.
SG 125	Skarabäus, gekauft in Luxor	Sandman, BAe 8, S. 149.
	Haus des Nacht, Fragment	Sandman, BAe 8, S. 174.
	Haus des Panehesi, Altar	Sandman, BAe 8, S. 162.

Diese Parallelstellen untermauern die Vorstellungen, die im Sonnengesang in einem Text zusammengestellt wurden, und zeigen, dass der Große Sonnengesang integriertes Gedankengut einer ganzen Epoche darstellt.[92] Viele Betrachtungsweisen lassen sich konkret in einer ähnlichen Formulierung oft mit einem vergleichbaren Wortschatz in anderen zeitgleichen Texten wieder finden. Andere Parallelen sind durch Ausführlichkeit oder Kürze der Texte eher eine inhaltliche Entsprechung als eine wortgetreue. Selten sind es größere Versatzstücke des Sonnengesangs, die sich in anderen Belegen wiederfinden lassen, wie z.B. die Verse SG 1-10, die im Grab des May nahezu exakt so kopiert wurden, aber sie kommen eben auch vor. Andere lassen Gesichtspunkte des Sonnengesangs in einem etwas anderen Blickwinkel erscheinen und erweitern so dessen Tiefe, wie z.B. die Betrachtung des Sonnenaufgangs und des Untergangs als Fest und dessen Folgen daraus.

Grundsätzlich fällt bei dieser Auffindung nach Parallelstellen auf, dass die Kernaussagen des Sonnengesangs weit verbreitet waren und sich in zahlreichen Texten derselben Zeit entdecken lassen. Damit stellt sich die Frage, in wie weit der Sonnengesang ein gesetzter Text war, der in sich geschlossen, abgeschlossen und gefügt war. Es ist im Rahmen des Vorstellbaren, dass auch der Sonnengesang einmalig für die Edition der Texte im Grab des Eje, für einen vorgegebenen Platz im Grab, konzipiert wurde und zwar aus einer Materialfülle, aus textlichen Vorlagenbücher, aus der auch andere Texte bestückt wurden.[93] Hier wären auch die möglichen Lücken im Sonnengesang anzusprechen und verständlich und auf eine Aneinanderreihung von Textbausteinen zurückzuführen. Denn während das Schlüpfen der Vögel (VI. Strophe) eine kleine eigene Strophe einnimmt, wird auf die Erwähnung der Geburt anderer Tierarten verzichtet. Auch nimmt der Nil (VIII. Strophe) einen breiten Raum ein, wobei das überschwemmte Land und der daraus resultierende Nutzen für die Menschen unerwähnt bleiben. Hierzu gehört auch die Selbsterschaffung[94] Atons die in anderen Texten derselben Zeit oft Erwähnung finden, die im Sonnengesang nahezu ausgespart bleibt. Nur in SG 56 wird erwähnt, dass Aton bei der Schaffung der Welt ganz alleine war. Ebenfalls wird im Sonnengesang auf eine ausführliche Beschreibung der Entstehung Echnatons aus seinem Vater Aton verzichtet.[95] Hier stehen die Beziehung Echnatons zu Atons als eines liebenden Sohnes (X. Strophe) und die Bedeutung der Menschen als Diener für den König (XII. Strophe) im Vordergrund. Es ist auch festzustellen, dass schon bei der Untersuchung der Stilmittel die Dichte und Intensität des Textes zum Ende hin abfallen und auch die Stilmittel selbst nicht mehr so deutlich zu Tage treten. Zusätzlich ist der Perspektivwechsel in der 10. Strophe, in der Aton direkt von Echnaton, angesprochen wird, in diesem Zusammenhang bemerkenswert und könnte als raffiniertes Stilmittel angesehen werden. Herauszustellen ist auch hier erneut, dass Echnaton der Sonnengesang selbst in den Mund gelegt wird, während die anderen Texte oft Gebete von Privatpersonen sind. Der Blickwinkel differiert, und auch die Stellung des Sprechers lässt sich vom Text ablesen, so wie es in der Gegenüberstellung zwischen Sonnengesang und dem Gebet aus den drei Gräbern (Merire I, Huya, Ahmose) herausgearbeitet wurde. Jedoch lässt die Dichte und die durchgängige Gestaltung mit Thought couplets und triplets auf eine wahre und formvollendete Dichtung schließen, die den Text nicht in eine Ecke mit phrasenhaften Texten stellt, sondern ihn als Literatur versteht. Es gab zwar keine Literaturszene im Alten Ägypten, eher eine talentierte Schreiberschaft, jedoch war beim Großen Sonnengesang die glückliche Hand eines Editors, eines Schreibers, bei der Vorbereitung der Texte für dieses Grab am Werk, die diesen poetischen und dichten Text kreierte.

Der Sonnengesang Echnatons
(Nachdichtung)

Einleitung

Lobpreisen des Re-Harachte, der am Horizont bejubelt wird, in seiner Eigenschaft als Licht, das in der Sonne ist (= die Titulatur des Gottes Aton) –
möge er immer und ewig leben – lebendige Sonne, Zentrum des Jubiläumsfestes, Herr alles dessen, was die Sonne umkreist, Herr des Himmels, Herr der Erde, Herr des Aton-Tempels in Horizont des Aton (Übersetzung des altägyptischen Namens der Stadt Amarna)
(und des) Königs von Ober- und Unterägypten, der durch die Maat lebt, des Herrn der Beiden Länder Vollkommen sind die Gestalten des Re – Einziger des Re, des Sohns des Re, der durch die Maat lebt, des Herrn der Kronen, Der Aton dient (Übersetzung der altägyptischen Königsnamen Echnatons), dessen Lebenszeit lange währen möge
(und der) Hauptgemahlin des Königs, die er liebt, der Herrin der Beiden Länder Vollkommen ist Atons Schönheit – Die Schöne ist gekommen (Übersetzung des altägyptischen Namen der Nofretete), sie möge leben, gesund und jung sein auf immer und ewig. Er (der Grabherr) rezitiert (den Lobpreis):

I. Der Tag – die Gegenwart Gottes

Glänzend erstrahlst du am Horizont des Himmels, du lebenspendender Sonnengott,
der alles Sein in seinen Händen hält.

Gleichsam mit deinem Aufgang im Osten
erfüllst das ganze Land mit deinem Glanz.

Du bist wunderschön und unfassbar,
strahlend hell und erhaben über allem Land.

Deine Strahlen umarmen die Länder allumfassend,
und darin alles, was du erschaffst.

Du bist die Sonne, vorstoßend bis in die fernsten Regionen,
die sich dann vor dem Sohn, den du liebst, verbeugen.

Du bist fern, dennoch reichen deine Strahlen auf die Erde.
Sie sehen dich, jedoch erkennen sie deinen Lauf nicht.

II. Die Nacht – die Welt von Gott verlassen

Mit deinem Versinken am westlichen Horizont,
fällt die Erde in Finsternis und ist wie tot.

Die Schlafenden sind in ihren Gemächern,
ihre Häupter sind verhüllt, kein Auge kann ein anderes erblicken.

Raubt man all ihre Habe, die sie unter sich verborgen haben, so bemerken sie es nicht.
Wie (tagsüber) jegliche Löwen, so kommt (des Nachst) alles Getier aus seinen Löchern, das nun beißt.

Die Nacht gleicht dem Grab, die Erde schweigt,
ist doch ihr Schöpfer am Firmament untergegangen.

III. Der Mensch im Angesicht Gottes

Der Tag bricht an, du bist am Horizont erschienen und leuchtest als Tagesgestirn;
denn du vertreibst die Finsternis, sobald du deine Strahlen aussendest.

Ein Fest ist in den Beiden Ländern, wenn die Atongläubigen erwachen und vor dir stehen,
denn du hast sie aufstehen, ihre Körper erfrischen und Festgewänder anlegen lassen.

Ihre Arme sind im Lobpreis erhoben,
denn du erscheinst.

IV. Die Tiere als Teil der Schöpfung

Das ganze Land – sie alle wurden nach ihrer Art erschaffen.

Alles Vieh ist zufrieden mit seiner Nahrung,
Bäume und Sträucher gedeihen.

Die Vögel schwingen sich aus ihren Nestern empor,
ihr Flügelschlag ist Lobpreis für deine Allmacht.

Alles Wild springt umher, alle Vögel fliegen herum, sie alle leben nur,
denn du bist für sie aufgegangen.

Reiher fliegen stromauf und ebenso stromab,
denn dein Erscheinen macht alle Wege frei.

Die Fische im Strom schnellen umher vor deinem Antlitz,
denn deine Strahlen reichen sogar bis auf den Grund des Meeres.

V. Die Schöpfung des Menschen

Der den Samen sich in den Frauen entwickeln lässt,
indem er Flüssiges zu Menschen formt.

Der den Sohn im Leib seiner Mutter leben lässt,
weil er ihn bis zu seiner Vollendung im Fruchtwasser sein lässt.

Amme im Mutterleib, Spender von Atemluft,
um seine gesamte Schöpfung zu beleben!

Wenn der Sohn geboren wird, um am Tag seiner Geburt selbständig zu atmen,
dann öffnest du seinen Mund und versorgst du ihn mit allem, dessen er bedarf.

VI. Das Schlüpfen der Vögel

Das Küken im Ei piept durch die Schale,
denn du gibst ihm Luft, um darin zu leben.

Du hast ihm den Zeitpunkt festgesetzt, die Schale des Eies zu durchbrechen,
sodass es zeitgerecht aus dem Ei schlüpft und piept.

Es kann augenblicklich laufen,
so es geschlüpft ist.

VII. Das Weltgefüge

Wie zahlreich sind deine Werke,
oft vor dem menschlichen Anblick verborgen.
O einziger Gott, ohnegleichen!

Du erschaffst die Erde nach deinem Willen,
du allein,
mit allen Menschen, mit allem Wild und Vieh,
mit allem, was auf der Erde lebt, laufen kann,
mit allem, was sich emporschwingt und fliegt.
mit den Fremdländern, Syrien und Nubien, die zu Ägypten gehören.
Du gibst jedem seinen Platz im Leben,
um für ihn zu sorgen.
Jeder hat Nahrung und seine Lebenszeit ist bestimmt.
Die Zungen unterscheiden sich ebenso wie die Wesensarten.
Auch ihre Hautfarben gleichen sich nicht,
denn so unterscheidest du die Bewohner verschiedenen Länder voneinander.

VIII. Das lebenspendende Wasser

Du erschaffst den Nil in der Tiefe
und lässt ihn hervorquellen nach deinem Willen,
um den Menschen Leben zu schenken,
ganz so, wie du sie erschaffen hast.
Du bist ihrer aller Herr,
der sich für sie aufzehrt.
O Herr aller Länder, der für sie aufgeht.
O Tagesgestirn, über alles erhaben.
Sogar alle fernen Länder bringst du zum Leben,
denn du hast den Nil als Regen auch an den Himmel gesetzt, damit er zu ihnen herabfällt.
Er brandet auf den Bergen wie das Meer (an Land),
um allerorts ihre Felder zu tränken.
Wie vollkommen sind doch deine Vorsehung,
o Herr der Ewigkeit!
Der Nil am Himmel (als Regen) ist ausschließlich für die Fremdländer geschaffen,
und für alles flinke Gebirgswild,
nur der Nil aber, der aus der Tiefe hervorbricht,
ist für das Land Ägypten bestimmt.

IX. Die Ontologie der Welt

Deine Strahlen stillen alle Pflanzen,
denn wenn du aufgehst, dann leben und wachsen sie für dich.
Du teilst das Jahr ein, um deine gesamte Schöpfung zu regenerieren.
Die Winterzeit – sie zu erfrischen; die Sommerhitze – die sie versengt.
Du hast den Himmel hochgewölbt,
um an ihm aufzugehen und dein Werk zu betrachten.
Einzig bist du, wenn du in deiner Gestalt als lebendige Sonne aufgegangen bist,
glänzend und strahlend, entfernt und nah zugleich.

Du gestaltest millionenfach aus dir allein:
Städte, Dörfer und Felder, Wege und Fluss.
Jedes Auge sieht dein sich reflektierendes Ich in seinem Gegenüber
wenn du als Tagesgestirn über ihnen stehst.

X. Der Gott Aton und der König

Du hast die Schöpfung in Gang gesetzt,
damit jedes Auge existieren kann.
Du erschaffst seinen erkennenden Blick,
damit deine Allmacht erkannt wird.
O (wahrer) Gott,
einzigartig ist deine Schöpfung!
Du bist mir ins Herz gegeben!
Kein anderer außer deinem Sohn weiß um dich.
Vollkommen sind die Gestalten des Re – Einziger des Re
Du weihst ihn ein
dank deiner Vorsehung und deiner Macht.

XI. Die Allmacht Gottes

Die Erde entsteht aus deiner Hand,
genauso wie ihre Geschöpfe.
Gehst du auf, leben sie.
Gehst du unter, sterben sie.
Du bist die Lebenszeit selbst,
weil man dank deiner lebt.
Alle Augen erblicken deine Schönheit bis du untergehst.
Alle Arbeit ruht, wenn du im Westen untergegangen bist.

XII. Echnaton und Nofretete als Stellvertreter Atons

Dein morgendliches Erscheinen aber stärkt jeden für den König,
und flink ist jeder auf den Beinen.
Seit dem du die Erde gegründet hast,
stellst du ihre Geschöpfe in den Dienst deines Sohnes,
deines eigenen Fleisches,
des Königs von Ober- und Unterägypten, der durch die Maat lebt, des Herrn der Beiden Länder
Vollkommen sind die Gestalten des Re – Einziger des Re,
des Sohns des Re, der durch die Maat lebt, des Herrn der Kronen
Der Aton dient
dessen Lebenszeit lange währen möge
und den der Hauptgemahlin, die er liebt, der Herrin der Beiden Länder
Vollkommen ist Atons Schönheit
sie möge jung und schön sein auf immer und ewig.

Die Handhabung des Sonnengesangs

Der Sitz im Leben, zu dem der Sonnengesang gehört, muss im Kultischen gesucht werden.[96] Er bedingt auch die dichte und geformte Struktur, denn das Umfeld eines Textes bestimmt letztendlich auch seine Gestaltung und Form. Und obwohl der Sonnengesang im Grab des Eje nur als Fließtext ohne gliedernde Elemente in den Stein gemeißelt ist, mag eine Papyrusvorlage durchaus Gliederungspunkte und Absätze aufgewiesen haben, die in der Wiedergabe im Grab nicht notwendigerweise mit dargestellt werden mussten, da sie keinem Rezitator zu dienen brauchten. Die reine Anwesenheit des Textes war hier gefordert, nicht die Hörbarkeit. Das rezitative Element im Grab wird durch die Darstellung Ejes und seiner Frau aufgenommen, die anbetend und verehrend dem Sonnengesang lauschen.

Nur Echnaton und Nofretete, begeleitet von ihren Kindern, können dem Gott Aton direkt Lobpreisen und ihm Gaben darbringen. Hohepriester und Priester dürfen an dem Kult teilnehmen. Sie können sehen und hören, wie sich Echnaton und seine Familie ihrem Gott nähern und fungieren als Ritualhelfer. In den Darstellungen ist der Gott Aton in Form des Strahlen-Aton, als Sonnenscheibe mit Strahlenhänden, über Echnaton und Nofretete angebracht. Seine Gunst, seine Gnade und sein ganzes Sein werden nur von Echnaton und Nofretete erkannt und aufgenommen. Dies spiegelt sich auch in der durchgängigen Anrede des Gottes im Sonnengesang durch Echnaton wieder, der sich damit neben seinen Gott stellt und Wissen und Macht über sich selbst damit verkündet.

Möglicherweise gehört die Proklamation des Großen Sonnenhymnus zum Bestandteil dieses Kultes. Ihr Umfang ist vielleicht sogar noch in gewissem Maße zu erweitern, um die kleinen thematischen Auslassungen, die möglicherweise durch den vorgegebenen architektonischen Rahmen bedingt waren, aufzunehmen. Damit wäre der Große Sonnengesang sozusagen als Credo der neuen Religion anzusehen.[97]

Anmerkungen

I Bouriant, U. [u.a.], Monuments pour servir à l`etude du culte d`Atonou en Egypte. Vol. 1: Les tombes de Khouitatonou, MIFAO 8, Kairo 1903, S. 30-32, Tf. 16 | **II** Z.B.: Breasted, Geschichte Aegyptens, S. 220-224; Assmann, ÄHG, S. 215-221; Hornung, Die Religion des Lichts, S. 88-93; Auffret, Hymnes d'Égypte et d'Israël, S. 230-277; Grandet, Hymnes, S. 98-109; Bayer, Echnaton. Sonnenhymnen. Ägyptisch/Deutsch, S. 8-23; Schlögl, Die Weisheit Ägyptens, S. 98-102 | **III** Brötchen heißen in Bayern Semmeln und in Berlin Schrippen | **IV** „Fernsprechapparat" wurde durch „Telefon" ersetzt | **V** Zimmer, Redens Arten, S. 166 | **VI** Zimmer, Redens Arten, S. 172 | **VII** Rainer Hannig (mündlich) und Hannig, R.; Vomberg, P.; Witthuhn, O., „Mit leuchtenden Eingeweiden" – zur Übersetzungstechnik in der Ägyptologie, in: Zibelius-Chen, K.; Fischer-Elfert, H.-W., „Von reichlich ägyptischen Verstande", Festschrift für Waltraud Guglielmi zum 65. Geburtstag, in: Philippika 11, Wiesbaden 2006, S. 67-78 | **VIII** Über die Subjektivität auch: Kahl, Der Gebrauch morphologischer und phonologischer Stilmittel im großen Aton-Hymnus, S. 52.

1 U.a.: Roeder, G., Urkunden zur Religion des Alten Ägypten, in: Otto. W. (Hrsg.), Religiöse Stimmen der Völker, Jena 1915, S. 62-65; Erman, A., Die Literatur der Aegypter. Gedichte, Erzählungen und Lehrbücher aus dem 3. und 2. Jahrtausend v. Chr., Leipzig 1923; Gardiner, A., Egypt of the Pharaohs, Oxford 1961, S. 225-227; Aldred, C., Akhenaten – King of Egypt, London 1988, S. 241-243 | **2** U.a.: Scharff, A., Aegyptischen Sonnenlieder, Berlin 1921, S. 61-66; Assmann, J., Ägyptische Hymnen und Gebete, Zürich-München 1975, S. 215-221; Auffret, Hymnes d'Égypte et d'Israël, S. 256-260; Breasted, Geschichte Aegyptens, S. 220-224; Hornung, Die Religion des Lichts, S. 88-93; Kitchen, K. A., Poetry of Ancient Egypt, Jonsered 1999, S. 250-259; Schlögl, Weisheit am Nil, S. 98-102 | **3** Assmann, J., Die "Häresie" des Echnaton, in: Saeculum 23, 1972, S. 109-126; von Nordheim, E., Der große Hymnus des Echnaton und Psalm 104. Gott und Mensch im Ägypten der Amarnazeit und in Israel, in: SAK 7, 1979, S. 227-252; Assmann, J., Akhanyati`s Theology of Light and Time, in: The Israel Academy of Science and Humanities Proceedings, Vol. VII, Nr. 4, Jerusalem 1992, S. 168 | **4** Kahl, Der Gebrauch morphologischer und phonologischer Stilmittel im Großen Aton Hymnus, S. 51-89 | **5** Foster, J. L., Thought Couplets and Clause Sequences in a Literary Text: The Maxims of Ptah-hotep, Toronto 1977; Foster, J. L., The Shipwrecked Sailor, S. 69 – 109 | **6** Foster, J. L., The Shipwrecked Sailor, S. 71 | **7** Burkhard, G., Überlegungen zur Form der Ägyptischen Literatur.

Die Geschichte des Schiffbrüchigen als literarisches Kunstwerk, in: Ägypten und Altes Testament 22, Wiesbaden 1993, S. 9, 11 | **8** Dazu: Assmann, Liturgische Lieder, S. 358-359 | **9** Z.B. Foster, J. L., Echoes of Egyptian Voices, Norman-London 1992, S. 5-10; Auffret, Hymnes d'Égypte et d'Israël, S. 230-253; Grandet, Hymnes, S. 137-152; Bayer, Echnaton. Sonnenhymnen, Ägyptisch/Deutsch, S. 8-23 | **10** Z.B. Breasted, Geschichte Ägyptens, S. 302-306; Assmann, Akhanyati`s Theology of Light and Time, S. 171-.175; Tietze, C., in: Tietze, C., Amarna. Lebensräume – Lebensbilder – Weltbilder, Potsdam 2008, S. 220-221 | **11** Dazu: Assmann, Liturgische Lieder, S. 334-335 | **12** Assmann, J., Hierotaxis, in: Festschrift für Gerhard Fecht: Form und Maß. Beiträge zur Literatur, Sprache und Kunst des alten Ägypten, in: Ägypten und Altes Testament 12, Wiesbaden 1987, S. 18-42 | **13** Dazu: Assmann, Liturgische Lieder, S. 360 | **14** Siehe dazu weiter unten „Die Handhabung des Sonnengesangs" | **15** Davies, RT V, Tf. 2 | **16** Assmann, Liturgische Lieder, S. 343-344 | **17** Bickel, La cosmogonie égyptienne, S. 199-200 (CT 1130) | **18** Dazu: Spiegelberg, in: ZÄS 65, 1930, S. 107 | **19** Bickel, La cosmogonie égyptienne, S. 233-241 | **20** Auffret, Hymnes d'Égypte et d'Israël, S. 244 | **21** Urk. IV, S. 1943-1949 | **22** Dazu die frühe Nennung des Aton-Namens ohne ausdrückliche Nennung des Aton auf einer Stele, Museum August Kestner, Hannover, Inv. Nr. 1935.200.179; Munro, P., FührungsblätterKestner-Museum Hannover, S. 5-6 in Typologie und Entwicklungsgeschichte der Totenstelen; Munro, P., Frühform oder Deckname des Jati (Aton) in Heliopolis, in: MDAIK 37, 1981, S. 359-367, Tf. 55 Abb. 1 | **23** Murnane; van Siclen, Boundary Stelae | **24** Wenn die Grenzstelen mit Geraden miteinander verbunden werden, entsteht ein Raum, der das Königsgrab sowie die anderen königlichen Gräber nicht mit einbezieht. Ob und wie dies zu interpretieren ist bzw. was das für die Grenzziehung heißt, muss an anderer Stelle diskutiert werden | **25** Zu der Serie der frühen Grenzstelen aus dem Jahr 5 zählen die Stelen K, M und X auf der Ostseite des Nils. Zu der späteren Stelengruppe mit der späten Proklamation aus dem Regierungsjahren 6 und 8, die das Stadtgebiet insgesamt abstecken, gehören die Stelen A, B, F, H (?), J, K, N, P, Q, R, S, U und V; dazu: Murnane; van Siclen, Boundary Stelae; www.amarnaproject.com | **26** Dazu: Assmann, Re und Amun, S. 124-132 | **27** Davies, RT I, Tf. 37 | **28** Davies, RT IV, Tf. 32-33; Davies, RT IV, Tf. 43 | **29** Davies, RT IV, Tf. 32-33 | **30** Davies, RT IV, Tf. 16, 23, 29 | **31** Davies, RT VI, Tf. 16 | **32** Davies, RT IV, Tf. 32-33 und Sandman, in: BAe 8, S. 10-16 (Interlinearversion der 5 Textzeugen); dazu: Bayer, Echnaton. Sonnenhymnen, Ägyptisch/Deutsch, S. 25-33 | **33** Parallelen: Grab des Jpy, Any, Merire I, Mahu | **34** Parallele: Grab des Jpy, Mahu | **35** Parallele: Grab des Jpy, Any, Merire I, Mahu, Tutu | **36** Parallele: Grab des Jpy, Any, Merire I, Mahu | **37** Dazu: Assmann, Re und Amun, S. 124-132 | **38** S. den folgenden Textzeugen | **39** Parallele: Grab des Jpy, Merire I, Tutu | **40** Parallele: Grab des Jpy, Any, Merire I, Tutu | **41** Auch im Grab des Merire I und des Tutu | **42** Parallele: Grab des Jpy, Any, Merire I, Tutu | **43** Parallele: Grab des Jpy, Any, Merire I | **44** Parallele: Grab des Jpy, Tutu | **45** Parallele: Grab des Jpy, Tutu, Any (teilw. zerstört) | **46** Parallele: Grab des Jpy, Tutu | **47** Sandman, in: BAe 8, S. 6-10; Davies, RT I, Tf. 36 (Merire I; zum Großteil erhalten); Davies, RT III, Tf 29 (Ahmose; obere Hälfte des Textes weitgehend zerstört); Davies, RT III, Tf. 3 (Huya; nur passagenweise erhalten) | **48** Im Grab des Merire I ist dessen Frau Senre diejenige, von der das Gebet ausgeht. Der Text ist um eine Darstellung ihrer Person gestaltet. s. Davies, RT I, Tf. 36 | **49** Die Angabe der Kolumnen bezieht sich auf Davies, RT I, Tf. 36 (Grab des Merire I, Westseite des zweiten Türdurchgangs) | **50** Davies, RT V, Tf. 2 | **51** Davies, RT II, Tf. 7 | **52** Redford, in: SSEA (P) 3, 1982, S. 125-131 | **53** Sandman, in: BAe 8, S. 167; Peet; Woolley, CoA I, Tf. 34.1 | **54** Hannig, Großes Handwörterbuch, S. 824 | **55** Roeder, Hermopolis, Tf. 197 | **56** Edwards, Hieroglyphic Texts, S. 28, Tf. 24 | **57** Sandman, in: BAe 8, S. 157 | **58** Sandman, in: BAe 8, S. 161 | **59** Dieses Epitheton kommt auch auf vielen weiteren Objekten vor und gehört zusammen mit ähnlichen wortgleichen Formulierungen zum gängigen Inventar der Beschreibung Atons | **60** Sandman, in: BAe 8, S. 157, 159, 161, 165; Habachi, in: MADAIK 20, S. 79-84; Roeder, Hermopolis, Tf. 197 (P.C. 179); Peet; Woolley, CoA I, Tf. 34.1 und weitere | **61** Davies, RT VI, Tf. 25 (Deckeninschrift, erste Kolumne) | **62** Sandman, in: BAe 8, S. 48-49 (Türdurchgang, Südseite, 3. Kolumne) | **63** Sandman, in: BAe 8, S. 165 | **64** Dazu: Assmann, Re und Amun, S. 124-132 | **65** Davies, RT V, Tf. 2 (Kol. 7) | **66** Sandman, in: BAe 8, S. 46 (Kol. 1-2) | **67** Davies, RT II, Tf. 30 (Kol. 1) | **68** Sandman, in: BAe 8, S. 46 (Kol. 3) | **69** Kemp, Ancient Egypt, S. 276-287 | **70** Dazu: Davies, RT IV, Tf. 3; Davies RT III, Tf. 2; Davies IV, S. 29; Murnane, Texts, S. 131 | **71** Davies, RT VI, Tf. 25 (östlicher Durchgangsbereich) | **72** Davies, RT VI, Tf. 15 (südliche Durchgangswand) | **73** Davies, RT IV, Tf. 28 (rechte Seite, zweite Kolumne) | **74** Sandman, in: BAe 8, S. 145 | **75** Hall, H. R., Catalogue of Egyptian Scarabs, Etc., in the British Museum, London 1913, S. 302 Nr. 2868; Sandman, in: BAe 8, S. 148 | **76** Davies, RT VI, Tf. 25 (östlicher Durchgangsbereich) | **77** Sandman, in: BAe 8, S. 73 (westl. Architrav) | **78** So die (schraffierte) Lesung bei Sandman, in: BAe 8, S. 73; bei Davies, RT VI, Tf. 14 (Architrav, unterste Zeile) wird statt drei Wasserlinien einen unklare Stelle angegeben | **79** Davies, RT I, Tf. 51 (östlicher Durchgangsbereich) | **80** Davies, RT VI, Tf. 24 (rechte Laibung, rechte Kolumne) | **81** Murnane, Texts, S. 108-109 | **82** Davies, RT V, Tf. 11 (äußere Türlaibung, links) | **83** Davies, RT II, Tf. 21 (Türsturz der nördlichen Tür, linke Seite) | **84** Davies, RT II, Tf. 5 (Türsturz der südlichen Tür, linke Seite, 2.-3. Kolumne) | **85** Davies, RT IV, Tf. 27 (innere Türumrahmung, linke Seite, 2. Kolumne) | **86** Davies, RT II, Tf. 5 (Türsturz der südlichen Tür, rechte Seite, 3.-5. Kolumne) | **87** Davies, RT I, Tf. 51 (äußere Türdicke, Westseite, 2. Kolumne) | **88** Sandman, in: BAe 8, S. 147-148 | **89** Sandman, in: BAe 8, S. 149 | **90** Sandman, in: BAe 8, S. 174 | **91** Sandman, in: BAe 8, S. 162 | **92** Foster, in: Pharaohs of the Sun, S. 101 | **93** Diese Vorlagenbücher bzw. Teile davon könnten letztendlich – vielleicht in oraler und memorierter Form – dafür verantwortlich sein, das sich Formulierungen, Gedankengut und Phrasen im Psalm 104 wieder finden lassen; dazu: von Nordheim, E., Der große Hymnus des Echnaton und Psalm 104. Gott und Mensch im Ägypten der Amarnazeit und in Israel, in: SAK 7, 1979, S. 227-252 | **94** Z. B. Sandman, in: BAe 8, S. 89 (L.) (Grab des Eje); Davies, RT IV, Tf 28 (Grab des Mahu, linke Türlaibung, zweite Kolumne); Davies, RT IV, Tf. 32, Grab des Apy, Kol. 3; Sandman, inBAe 8, S. 31 (Grab des Merire II, westl Seite des Durchgangs, Kol. 1) | **95** Davies, RT IV, Tf 28 (Grab des Mahu, linke Türlaibung, dritte Kolumne) | **96** Assmann, J., Verkünden und Verklären – Grundformen hymnischer Rede im Alten Ägypten, in: Burkart, W.; Stolz, F. (Hrsg.), Hymnen der Alten Welt im Kulturvergleich, OBO 131, Göttingen 1994, S. 41, 49-50; Grandet, Hymnes, S. 75 | **97** Quirke, St., The Cult of Ra. Sun-Worship in Ancient Egypt, New York 2001, S. 160; Grandet, Hymnes, S. 78.

Die Ebene von Amarna zwischen Nil und Ostgebirge

Zur weiteren Lektüre empfohlene Literatur

Aldred, C., Akhenaten – King of Egypt, London 1988.

Assmann, J., Ägyptische Hymnen und Gebete, Zürich-München 1975.

Assmann, J., Akhanyati`s Theology of Light and Time, in: The Israel Academy of Science and Humanities Proceedings, Vol. VII, Nr. 4, Jerusalem 1992, S. 143-176.

Assmann, J., Die „Häresie" des Echnaton, in: Saeculum 23, 1972, S. 109-126.

Assmann, J., Hierotaxis, in: Festschrift für Gerhard Fecht: Form und Maß. Beiträge zur Literatur, Sprache und Kunst des alten Ägypten, in: Ägypten und Altes Testament 12, Wiesbaden 1987, S. 18-42.

Assmann, J., Liturgische Lieder an den Sonnengott. Untersuchung zur altägyptischen Hymnik, in: MÄS 19, Berlin 1969.

Assmann, J., Re und Amun. Die Krise des polytheistischen Weltbildes im Ägypten der 18.-20. Dynastie, OBO 51, 1983.

Assmann, J., Verkünden und Verklären – Grundformen hymnischer Rede im Alten Ägypten, in: Burkart, W.; Stolz, F. (Hrsg.), Hymnen der Alten Welt im Kulturvergleich, OBO 131, Göttingen 1994, S. 33-58.

Auffret, P., Hymnes d'Égypte et d'Israël, OBO 34, Göttingen 1981.

Bayer, Ch., Echnaton. Sonnenhymnen. Ägyptisch/Deutsch, Stuttgart 2007.

Bickel, S., La cosmogonie égyptienne avant le Nouvel Empire, in: OBO 134.

Bouriant, U. [u.a.], Monuments pour servir à l`etude du culte d`Atonou en Egypte. Vol. 1: Les tombes de Khouitatonou, MIFAO 8, Kairo 1903.

Burkhard, G., Überlegungen zur Form der Ägyptischen Literatur. Die Geschichte des Schiffbrüchigen als literarisches Kunstwerk, in: Ägypten und Altes Testament 22, Wiesbaden 1993.

Breasted, J. H., Geschichte Aegyptens, Köln 1954.

Davies, N. de Garis, The Rock Tombs of El Amarna VI, London 1908.

Edwards, I. E. S., Hieroglyphic Texts from Egyptian Stelae, etc., Part VIII, London 1939.

Erman, A., Die Literatur der Aegypter. Gedichte, Erzählungen und Lehrbücher aus dem 3. und 2. Jahrtausend v. Chr., Leipzig 1923.

Foster, J. L., Echoes of Egyptian Voices, Norman-London 1992.

Foster, J. L., The New Religion, in: Freed, R.; Markowitz, Y. J.; D'Auria, S. H., Pharaohs of the sun. Akhenaten. Nefertitit. Tutanchamun, Boston 1999, S. 97-109.

Foster, J. L., The Shipwrecked Sailor: Prose or Verse? (Postponing Clauses and Tense-neutral clauses), in: SAK 15, 1988, S. 69 – 109.

Foster, J. L., Thought Couplets and Clause Sequences in a Literary Text: The Maxims of Ptahhotep, Toronto 1977.

Gabolde, M., Das Ende der Amarnazeit, in: Grimm, A.; Schoske, S., Das Geheimnis des goldenen Sarges. Echnaton und das Ende der Amarnazeit, München 2001, S. 9-41.

Gardiner, A., Egypt of the Pharaohs, Oxford 1961.

Grandet, Pierre, Hymnes de la Religion d'Aton, Paris 1995.

Habachi, Labib, Varia from the Reign of King Akhenaten, in: MDAIK 20, 1965, S. 70-92.

Hall, H. R., Catalogue of Egyptian Scarabs, Etc., in the British Museum, London 1913.

Hannig, R., Die Sprache der Pharaonen. Großes Handwörterbuch Ägyptisch – Deutsch, in: Kulrugeschichte der Antiken Welt 64, Mainz 1995.

Hannig, R.; Vomberg, P.; Witthuhn, O., „Mit leuchtenden Eingeweiden" – zur Übersetzungstechnik in der Ägyptologie, in: Zibelius-Chen, K.; Fischer-Elfert, H.-W., „Von reichlich ägyptischen Verstande", Festschrift für Waltraud Guglielmi zum 65. Geburtstag, in: Philippika 11, Wiesbaden 2006, S. 67-78.

Helck, W., Urkunden der 18. Dynastie (Urkunden IV), nebst. Übersetzungen, Berlin 1955-1961.

Hornung, E., Die Religion des Lichts, Düsseldorf-Zürich 1995.

Kahl, Jochem, Der Gebrauch morphologischer und phonologischer Stilmittel im großen Aton-Hymnus, in: Gestermann, Louise; Sternberg-El Hotabi, Heike (Hrsg.), Per aspera ad astra. Wolfgang Schenkel zum neunundfünfzigsten Geburtstag, Kassel1995, S. 51-89.

Kemp, B. J., Ancient Egypt. Anatomy of a Civilization, London, New York 1991.

Kitchen, K. A., Poetry of Ancient Egypt, Jonsered 1999.

Munro, P., FührungsblätterKestner-Museum Hannover, S. 5-6 in Typologie und Entwicklungsgeschichte der Totenstelen.

Munro, P., Frühform oder Deckname des Jati (Aton) in Heliopolis, in: MDAIK 37, 1981, S. 359-367.

Murnane, W. J., Texts from the Amarna Period in Egypt, in: Writings from the Ancient World Series, Society of Biblical Literature, Vol. 5, Atlanta 1995.

Murnane, W. J.; van Siclen III, Ch., The Boundary Stelae of Akhenaten, Studies in Egyptology, London, New York 1993.

von Nordheim, E., Der große Hymnus des Echnaton und Psalm 104. Gott und Mensch im Ägypten der Amarnazeit und in Israel, in: SAK 7, 1979, S. 227-252.

Qirke, Stephen, The Cult of Ra. Sun-Worship in Ancient Egypt, New York 2001.

Peet, T. E.; Woolley, C. L., The City of Akhenaten, Part I, Memoir of The Egypt Exploration Society 28, London 1923.

Redford, D. B., An Offering Inscription from the 2nd Pylon at Karnak, in: SSEA (P) 3, 1982, S. 125-131.

Roeder, G., Amarna-Reliefs aus Hermopolis. Ausgrabungen der Deutschen Hermopolis-Expedition in Hermopolis 1929-1939; Hanke, R. (Hrsg.), Pelizaeus-Museum zu Hildesheim / Wissenschaftliche Veröffentlichung 6, Hildesheim 1969.

Roeder, G., Urkunden zur Religion des Alten Ägypten, in: Otto. W. (Hrsg.), Religiöse Stimmen der Völker 4, Jena 1915.

Scharff, A., Aegyptischen Sonnenlieder, Berlin 1921.

Schlögl, H. A., Die Weisheit Ägyptens, München 2007.

Schlögl, H. A., Weisheit am Nil. Ägyptische Weltsicht, München 2007.

Spiegelberg, W., Beiträge zur Erklärung des Sonnenhymnus von El-Amarna, in: ZÄS 65, 1930, S. 105-108.

Sternberg - el Hotabi, H., „Die Erde entsteht auf deinen Wink". Der naturphilosophische Monotheismus des Echnaton, in: Kratz, Reinhard Gregor; Spieckermann, Hermann (Hrsg.), Götterbilder, Gottesbilder, Weltbilder. Polytheismus und Monotheismus in der Welt der Antike. Band 1: Ägypten, Mesopotamien, Persien, Kleinasien, Syrien, Palästina, Tübingen 2006, S. 45-78.

Tietze, C., Amarna. Lebensräume – Lebensbilder – Weltbilder, Potsdam 2008.

Zimmer, Dieter E., Redens Arten – Über Trends und Tollheiten im neudeutschen Sprachgebrauch, Zürich 1986.

Abbildungsnachweise

Amin, Osama Shukir Muhammed: S. 45 (https://commons.wikimedia.org/wiki/File:Wall_relief._Early_cartouches_of_the_god_Aten,_from_Amarna,_Egypt._New_Kingdom,_18th_Dynasty._Neues_Museum.jpg, CC BY-SA 4.0).
Davies, Norman de Garis, *The Rock Tombs of El Amarna* VI, London 1908, Tf. 27: S. 8.
Peel, Mike: S. 40 (https://commons.wikimedia.org/wiki/File:Stela_from_tomb-chapel_of_Hor_and_Suty,_British_Museum.jpg, CC-BY-SA-4.0).
Petrosyan, Leon: S. 49 (https://commons.wikimedia.org/wiki/File:In_Amarna_4.jpg , CC BY-SA 4.0).
Tausch, Olaf: S. 44, 46, 47, 48, 51, 52b (https://commons.wikimedia.org/wiki/Category:Pictures_by_User:Oltau, CC BY 3.0).
Vomberg, Petra: S. 6, 10, 12, 13, 16, 17, 18, 19, 20, 21, 22, 23, 25, 26, 27, 29, 32, 33, 34, 35, 36, 37, 40, 52a, 53, 54, 55, 56, 61, 68.
Witthuhn, Orell: S. 14, 41, 42a-b, 43, 50.

Sonnengott und Schöpfung in Mesopotamien

von Kerstin Maiwald

Der Sonnengott, die Sonne und der Tag sind in der mesopotamischen Vorstellung aufs Engste miteinander verbunden. So hat beispielsweise das sumerische Wortzeichen UD mehrere Bedeutungen: Sonne, Eigenname des Sonnengottes (Sumerisch: Utu, Akkadisch: Šamaš) oder Tag bzw. Tageslicht. Dieses Phänomen ist auf das astrale Wesen des Sonnengottes zurückzuführen: In der mesopotamischen Perspektive manifestiert sich der Sonnengott nicht nur in seiner Götterstatue im Tempel oder in Göttersymbolen, sondern auch sichtbar in der Sonne. Wo die Sonne oder deren Licht ist, ist demzufolge auch der Sonnengott. Gleiches gilt entsprechend für andere astrale Gottheiten.

Schöpfung in Mesopotamien

In den mesopotamischen Textquellen aus über drei Jahrtausenden ist schwer eine einheitliche Sicht der Schöpfung zu erkennen. Es finden sich Spuren von verschiedenen Vorstellungen, die oft nebeneinander bestehen und sich nicht immer eins-zu-eins ergänzen. Im Folgenden werden mehrere Auffassungen in Bezug auf die Rolle des Sonnengottes synthetisiert.

Am Anfang waren … urzeitliche Naturgötter, kein Sonnengott

Die mesopotamischen Vorstellungen, was genau am Uranfang vorhanden ist, differieren. Verschiedene urzeitliche Naturgötter existieren (Süßwassermeer, Erdgötter, Himmelsgott oder die Einheit Himmel-Erde); diese gebären andere göttliche Naturwesen (vgl. Zgoll 2012; Lisman 2013; George 2016). Der Sonnengott ist nicht darunter.

Himmel und Erde werden am Uranfang in den Texten aus der Mitte des 3. Jt. v. Chr. oft als eine Einheit vorgestellt, die mit Dunkelheit umgeben ist. Ein Fragment mit mythischem Inhalt (Ukg 15) beschreibt, dass anfangs keine hellen Phänomene existieren (Kolumne III Zeile 3-4): „Die Sonne schien [noch] nicht. Der Mond ging [noch] nicht heraus." Jedoch kann die Dunkelheit am Uranfang durch einen Gott unterbrochen werden; dieser ist allerdings nicht der Sonnengott. So bezeichnet ein Schöpfungstext (NBC 11108) vom Ende des 3. Jt. v. Chr. den Himmelsgott An als Lichtspender (Zeile 1): „An, der Herr, erleuchtete den Himmel."

Einige mythische Texte ab der Mitte des 3. Jt. v. Chr. beschreiben die Trennung und die sexuelle Vereinigung des männlichen Himmels mit der weiblichen Erde; daneben existiert die Vorstellung vom zweigeschlechtlichen Himmel (vgl. Westenholz 2010, 294ff.).

Es wurden … bekannte Götter: Sonnengott und Theogonien

Auf die Trennung von Himmel und Erde folgt die Geburt von bekannten Gottheiten. Der Sonnengott ist meistens das Kind vom Mondgott aus der zweiten Göttergeneration und dessen Frau Ningal, seltener vom Himmelsgott (vgl. Krebernik 2011, 602). Er zeugt weitere Götter, z. B. den Gott der Steppentiere, Traumgötter oder die „personifizierte ‚Gerechtigkeit/Wahrheit'" (vgl. ebd.).

Es wurde … die Ausgestaltung von Himmel und Erde: Sonnengott und Kosmogonien

Durch die Götterschöpfungen können die Himmelskörper entstehen: Der Sonnengott manifestiert sich am ausgestalteten Himmel als Sonne (vgl. Rochberg 2009, 51). Ein sumerisch-babylonischer Ritualtext aus der Ritualserie *Bīt rimki* der ersten Hälfte des 1. Jt. v. Chr. verdeutlicht das (Zeile 31-36; vgl. Maiwald 2021, 99f.): „An, Enlil, Enki, die großen Götter, haben [dich] benannt mit deinem Namen ‚Utu, großer Herr von Himmel und Erde' und haben [dir] daraufhin bestimmt, erhobenen Hauptes am Himmel zu stehen. / Anu, Enlil und Ea, die großen Götter, haben [dich] benannt mit deinem Namen ‚Šamaš, großer Herr im Himmel und auf der Erde' und haben dir bestimmt, dauerhaft am Himmel zu stehen."

Mit der Trennung von Himmel und Erde bzw. ihrer sexuellen Vereinigung (siehe oben) setzt die Ausgestaltung der beiden Bereiche ein. Der Sonnengott ist v. a. für konkrete Zeitspannen wichtig. Die Mesopotamier denken sich die weiteren Schöpfungshandlungen sehr gegenständlich: Es geht z. B. in den Texten weniger um die Erschaffung von Helligkeit im Gegensatz zur Dunkelheit als Abstraktum, sondern um die Erschaffung von konkreten hellen und dunklen Zeitspannen.

In dem Schöpfungstext *Innana holt das Himmelshaus* vom Beginn des 2. Jt. v. Chr. entstehen Tag und Nacht (Zeile 146-148: Textzeuge CBS 1531): „Von jetzt an hat sie [= Innana] die Dauer des Tageslichtes verringert, sie [= Innana] hat den Tag von seiner Nacht gelöst. Von jetzt an sind ihre Nachtwachen [jeweils] drei, sie hat den Tag mit seiner Nacht gleich [lang] gemacht. Jetzt, als der Sonnengott herausging, war es so." Nach Zgoll 2015 führt das erste Hinabsteigen des Sonnengottes aus dem Himmel in diesem Text zur ersten Nacht und zum ersten Tag, die der Himmelsgott An als dauerhafte Phänomene festspricht. Damit ist der Kreislauf der Sonne nach der geläufigen mesopotamischen Vorstellung eingesetzt: Der Sonnengott manifestiert als Sonne läuft tagsüber seine Bahn am Himmel bis zum Horizont und steigt nachts hinunter in die Unterwelt.

Auch das babylonische Schöpfungslied *Enūma eliš* vom Ende des 2. Jt. v. Chr. verbindet die Entstehung einer konkreten kultischen Zeitspanne (Neumond) mit dem Mond- und Sonnengott (Tafel V Zeile 21): „An jedem Neumondtag nähere dich [= Mondgott] dem Weg des Sonnengottes." Durch diese monatliche Annäherung an die Himmelsbahn des Sonnengottes entsteht in der antiken Perspektive die rituelle Zeit des Neumonds. Konkrete Zeitspannen sind in der mesopotamischen Vorstellung ohne den Sonnengott schwer vorstellbar.

Lasst uns Menschen machen … Sonnengott und Anthropogonien

Wie bei den Kosmogonien sind vielfältige Arten der Menschenschöpfung aus Mesopotamien überliefert. Der Sonnengott zählt zu den großen Göttern, die nach einem Fragment des KAR 4-Mythos vom Beginn des 2. Jt. v. Chr. die Menschen aus dem Blut von getöteten Gottheiten erschaffen. Dort ist die Reihenfolge der großen Götter der Menschenschöpfung „An, Enlil, Utu, Ea" (Rückseite Zeile 7-10). Genannt an dritter Stelle hat der Sonnengott nicht den Vorsitz bei der Menschenschöpfung.

Der Sonnengott ermöglicht, erhält und gestaltet Leben, das oft von Anderen erschaffen ist

Für alles Erschaffene hat der Sonnengott wichtige Funktionen inne. Nicht nur bei der Schöpfung am Uranfang oder bei der Geburt, sondern an jedem Morgen werden die Schicksale dort entschieden, wo die Sonne aufgeht (vgl. Woods 2009, 207; Polonsky 2002). Das Herauskommen des Sonnengottes aus der Unterwelt ermöglicht das.

Im babylonischen *Enūma eliš* (siehe oben) spricht der Gott Marduk bei der Schöpfung dem Sonnengott die Richterfunktion über unrechtes Verhalten zu (Tafel V Zeile 25): „Halte Gericht!" Seine Richterfunktion umfasst in vielen Beschwörungen auch den Bereich der Unterwelt: Nachdem er in die Unterwelt bei Nacht hinabsteigt, richtet er die dort lebenden Götter und Totengeister und ist außerdem zuständig für ihre Versorgung (vgl. Woods 2009, 188; Steinkeller 2005, 27). Damit hat er eine wichtige Rolle für ihr Weiterbestehen inne. Er ist auch der oberste Richter bei der Opferschau (vgl. Krebernik 2011, 605), dem Deuten von bestimmten Zeichen der Götter für die Lebenspraxis. Unter seinem Vorsitz schreiben die Götter nachts die Zeichen in die Eingeweide des Tieres, die tagsüber in Ritualen offenbart werden (vgl. Steinkeller 2005, 34-42; Maul 2013, 48).

Der Sonnengott sichert die kosmische und die soziale Ordnung auch durch sein stetes Fortbewegen zwischen Himmel und Unterwelt (vgl. Maul 1999, 201f.). Eine Störung dieses Laufes hat negative Auswirkungen auf das soziale Miteinander auf der Erde (vgl. Ambos 2013, 105).

Daneben ist er entscheidend für das Königtum. So bezeichnete sich der König Hammurapi im 18. Jh. v. Chr. im Prolog des *Kodex Hammurapi* als „Šamaš von Babylon" (Kolumne V 4f.). Damit ist die Vorstellung verbunden, dass der König als Hüter des Rechts und der Ordnung den Sonnengott symbolisiert (vgl. Maul 1999, 206f.). Bis ins 1. Jt. v. Chr. sind ähnliche Bezeichnungen von babylonischen und assyrischen Königen überliefert, z. B. „Ebenbild von Šamaš" (vgl. Ambos 2013, 104f.). Auch im 1. Jt. v. Chr. symbolisiert der babylonische König im Ritual *Haus des Wasserversprengens* den Sonnengott: Er geht nachts durch ein Ritualarrangement, das die Unterwelt verkörpert, Richtung Osten, um morgens wie die Sonne hinauszugehen (vgl. Ambos 2013, 82-85). Durch den Richterspruch des Sonnengottes in diesem Ritual und die anschließende Investitur vor der aufgehenden Sonne wird der babylonische König im Herbst aufs Neue in sein Amt eingesetzt (vgl. Ambos 2013, 64f. und 102-105). Der früheste Beleg über eine Königsinvestitur bei Sonnenaufgang stammt aus der ersten Hälfte des 2. Jt. v. Chr. (vgl. Ambos 2013, 102). Obwohl er nicht als Schöpfer des Königs gilt, gäbe es ohne ihn in Mesopotamien kein funktionierendes Königtum.

Eine babylonische Parallele zur *Aton-Hymne* ist die *Große Šamaš-Hymne*. Die frühesten Textzeugen datieren in das 7. Jh. v. Chr.; die Hymne stammt möglicherweise aus dem 2. Jt. v. Chr. (vgl. Lambert 1996, 123). Der Sonnengott wird im Text für seine Aufgaben als Bewahrer allen Lebens gepriesen, der darüber hinaus Divinationsexperten befähigt und das Recht vielfältig hütet. Wie Aton ermöglicht er Vegetation und Leben (Zeile 17f.): „Spiegel, der die Dunkelheit, die Seile des Himmels, öffnet! Der glühen lässt den Bart am Tag, das bestellte Getreidefeld, das Leben des Landes!" Er wird außerdem als Lichtspender und Hirte gerühmt (Zeile 33f.): „Hirte des Unteren! Hirte des Oberen! Der alles recht leitet, Licht von allem bist du, Šamaš!"

Weitere lebensermöglichende Funktionen des mesopotamischen Sonnengottes können hier nur exemplarisch genannt werden, wie seine Rolle neben anderen Gottheiten als Geburtshelfer (vgl. Stol 2000, 133f.) oder als kosmischer Transporteur von Seelen und Dingen (vgl. Zgoll 2014).

Zusammenfassend kann festgestellt werden, dass der mesopotamische Sonnengott eine unabdingbare Voraussetzung für die Existenz und die Gestaltung des Lebens darstellt, jedoch weniger als Schöpfer von Leben. Trotz dieses Befundes steigt er anders als Aton unter Echnaton nicht zur einzig verehrten Gottheit auf. Er bleibt offiziell ein wichtiger Gott innerhalb der Gruppe der großen Götter.

Editionen der Keilschrifttexte

Borger, R.: Babylonisch-assyrische Lesestücke. Heft 1: Die Texte in Umschrift. Rom: EPIB, 1994 (2. Auflage), 2-50. [= *Kodex Hammurapi*]

Dijk, J. J. van: „Existe-t-il un ‚Poème de la Création' sumérien?" In: B. L. Eichler et al. (Hrg.): Kramer Anniversary Volume: Cuneiform Studies in Honor of Samuel Noah Kramer (= Alter Orient und Altes Testament 25). Neukirchen-Vluyn: Butzon & Bercker, 1976, 125-133. [= NBC 11108]

Dijk, J. J. van: „Inanna raubt den ‚großen Himmel'. Ein Mythos". In: S. M. Maul (Hrg.): Festschrift für Rykle Borger zu seinem 65. Geburtstag am 24. Mai 1994. tikip santakki mala bašmu ... (= Cuneiform Monographs 10). Groningen:

Styx, 1998, 9-31. [= *Innana holt das Himmelshaus*]

Kämmerer, T. R./Metzler, K. A.: Das babylonische Weltschöpfungseops Enūma eliš. Münster: Ugarit-Verlag, 2012 (= Alter Orient und Altes Testament 375). [= *Enūma eliš*]

Lambert, W.: Babylonian Wisdom Literature. Winona Lake: Eisenbrauns, 1996 [Reprint], 121-138. [= *Große Šamaš-Hymne*]

Sjöberg, Å.: „In the Beginning". In: T. Abusch (Hrg.): Riches Hidden in Secret Places. Ancient Near Eastern Studies in Memory of Thorkild Jacobsen. Winona Lake: Eisenbrauns, 2002, 229-239. [= Ukg 15]

Weiher, E. von: Uruk. Spätbabylonische Texte aus dem Planquadrat U 18. Teil III (= Ausgrabungen in Uruk-Warka. Endberichte 12). Berlin: Weinreich, 1988, 51-67. [= Ritualtext aus *Bīt rimki*]

Bibliographie der Sekundärliteratur

Ambos, C.: Der König im Gefängnis und das Neujahrsfest im Herbst. Mechanismen der Legitimation des babylonischen Herrschers im 1. Jahrtausend v. Chr. und ihre Geschichte. Dresden: ISLET, 2013.

George, A.: Die Kosmogonie des alten Mesopotamien. In: M. Gindhart/T. Pommerening (Hgg.): Anfang & Ende: vormoderne Szenarien von Weltenstehung und Weltuntergang. Darmstadt: Zabern, 2016, 7-25.

Krebernick, M.: Art. „Sonnengott. A. I. In Mesopotamien, Philologisch", Reallexikon der Assyriologie 12, Lieferung 7/8, Berlin/New York: de Gruyter, 2011, 599-611.

Lisman, J. J. W.: Cosmogony, Theogony and Anthropogony in Sumerian Texts. Münster: Ugarit-Verlag, 2013.

Maiwald, K.: Mesopotamische Schöpfungstexte in Ritualen: Methodik und Fallstudien zur situativen Verortung (= Mythological Studies 3). Berlin/Boston: De Gruyter, 2021.

Maul, S.: „Der assyrische König – Hüter der Weltordnung". In: K. Watanabe (Hrg.): Priests and Officials in the Ancient Near East. Papers of the Second Colloquium on the Ancient Near East – The City and its Life, Held at the Middle Eastern Culture Center in Japan, March 22-24, 1996. Heidelberg: Winter, 1999, 201-214.

Maul, S. M.: Die Wahrsagekunst im Alten Orient: Zeichen des Himmels und der Erde (= Historische Bibliothek der Gerda Henkel Stiftung). München: C. H. Beck, 2013.

Polonsky, J.: The Rise of the Sun God and the Determination of Destiny in Ancient Mesopotamia. Ph.D. University of Pennsylvania, 2002

Rochberg, F.: „'The Stars and Their Likeness': Perspectives on the Relation between Celestial Bodies and Gods in Ancient Mesopotamia". In: B. N. Porter (Hrg.): What Is a God?Anthropomorphic and Non-Anthropomorphic Aspects of Deity in Ancient Mesopotamia. Winona Lake, Eisenbrauns, 2009, 41-91.

Steinkeller, P.: „Of Stars and Men: The Conceptual and Mythological Setup of Babylonian Extispicy". In: A. Gianto (Hrg.): Biblical and Oriental Essays in Memory of William L. Moran (= Biblica et Orientalia 48). Rom: PIB, 2005, 11-47.

Stol, M.: Birth in Babylonia and the Bible: Its Mediterranean Setting (= Cuneiform Monograph 14). Groningen: Styx, 2000.

Westenholz, J. G.: „Heaven and Earth: Asexual Monad and Bisexual Dyad." In: J. Stackert et al. (Hrg.): Gazing on the Deep. Ancient Near Eastern and Other Studies in Honor of Tzvi Abusch. Bethesda: CDL Press, 2010, 293-326.

Woods, C.: „At the Edge of the World: Cosmological Conceptions of the Eastern Horizon in Mesopotamia". Journal of Near Eastern Religion 9 (2009), 183-239.

Zgoll, A.: „Der Sonnengott als Transporteur von Seelen (Psychopompos) und Dingen zwischen den Welten im antiken Mesopotamien. Mit einem Einblick in den konzeptuellen Hintergrund des taklimtu-Rituals". In: N. Koslova et al. (Hrg.): Studies in Sumerian Language and Literature. Festschrift Joachim Krecher (= Babel und Bibel 8; Orientalia et Classica LVI). Winona Lake: Eisenbrauns, 2014, 617-633.

Zgoll, A.: „Welt, Götter und Menschen in den Schöpfungsentwürfen des antiken Mesopotamien". In: Konrad Schmid (Hrg.): Schöpfung (= Themen der Theologie 4). Tübingen: Mohr Siebeck, 2012, 17-70.

Der biblische Psalm 104 und der große Amarnahymnus

Bemerkungen zu Gemeinsamkeiten, Unterschieden und einer «wandernden Tradition»

von Florian Lippke

Der «Streitfall»
Ende des 19. Jahrhunderts tobte in der Forschungswelt gleich an zwei Stellen ein erbitterter Streit zwischen den alttestamentlichen Theologen und den Altertumswissenschaftlern (Altorientalistik, Ägyptologie). Der Grund hierfür lag in bedeutenden Ausgrabungsfunden. Zunächst wurden 1853 Tontafeln mit dem Gilgamesch-Epos von H. Rassam in Ninive entdeckt und von G. Smith 1872 übersetzt. Damit rückte ein uralter Text ins Blickfeld, welcher die Leser*innen an zahlreichen Stellen an die Sintflut-Erzählung (1. Buch Mose 6–9) erinnerte. Die aufgefundenen Tafeln stammten zwar aus dem 1. Jt. v. Chr., also aus der klassisch alttestamentlichen Zeit. Aber die Tradition, in der sie standen, war Tausende Jahre älter. Eine Sintflutgeschichte, die Tausend Jahre älter war, als die ältesten biblischen Texte – ein solcher mysteriöser Fall warf Fragen auf. Hatte Gott beim Verfassen seiner Heiligen Bücher abgeschrieben? Der Babel-Bibel-Streit um die Vorherrschaft der frühen Kulturgeschichte war geboren.

In dieses Szenario platzte nun ein weiterer Fund: Die Inschriften der Felsengräber von Tell el-Amarna wurden seit 1894 in Übersetzungen lesbar und der Text erinnerte die ersten Leser*innen massiv an den 104. Psalm des Alten Testaments. Beide Texte zeigen ein großes Interesse an Naturstudien und -beobachtungen. Sie deuten alle beschriebenen Phänomene als Handlungen Gottes, der (in Amarna durchgängig, in Psalm 104 aber an ausgewählten Stellen) durch eine besondere Lichtnatur gekennzeichnet ist. Die belebte Umwelt wird in beiden Texten genau beschrieben – Bewunderung und Faszination für die von Gott erhaltene Schöpfung wird beinahe in jedem Vers sichtbar. Dass beide Texte in einer monotheistischen Grundhaltung verfasst sind – es gibt in dieser Vorstellung keine anderen Götter – verstärkt den Eindruck der Verbindung umso mehr. Im Einzelnen wurden in den letzten 130 Jahren folgende Stellen miteinander verglichen:

A. Tag und Nacht	
Amarnahymnus	*Psalm 104*
(13) Gehst du im Westen unter, (14) fällt die Erde in Finsternis, in den Zustand des Todes. (15) Die Schlafenden sind in ihren Gemächern, (16) Dunkelheit senkt sich über ihre Häupter, kein Auge kann ein anderes erblicken. (...)	(20a) Du schickst Finsternis und es wird Nacht;
(18) Jeder Löwe ist aus seiner Höhle gekommen und alles Getier – sie sind eine Plage.	(20b) in ihr regt sich alles Getier des Waldes. (21a) Die jungen Löwen brüllen nach Beute, (21b) um von Gott ihre Nahrung zu fordern.

(21) Der Tag bricht an, wenn du am Horizont aufgehst und als Tagesgestirn leuchtest, (23) denn du vertreibst die Finsternis, indem du deine Strahlen aussendest.	(22a) Geht die Sonne auf, ziehen sie sich zurück, (22b) und lagern sich in ihren Verstecken.

B. Der Mensch und seine Arbeit	
Amarnahymnus	*Psalm 104*
(24) Ein Fest ist in den Beiden Ländern, (25) wenn die Atongläubigen erwachen und vor dir stehen, (26) denn du hast sie aufstehen und ihre Körper erfrischen lassen. (27) Ihre Festgewänder sind angelegt, ihre Arme im Lobpreis erhoben, (28) wenn du im ganzen Land erscheinst, (29) denn sie handeln gemäß deines Auftrags.	(23) Darauf geht der Mensch heraus zu seinem Tun, und zu seiner Arbeit bis zum Abend.

C. Der Bewunderungsruf	
Amarnahymnus	*Psalm 104*
(54) Wie zahlreich sind deine Werke, (55) oft vor dem menschlichen Anblick verborgen. (56) O einziger Gott, ohnegleichen! (57) Du erschaffst die Erde nach deinem Wunsch geschaffen, ganz allein (58) mit allen Menschen, mit allem Wild und Vieh, (59) mit allem, was auf der Erde lebt, laufen kann oder sich empor schwingt und fliegt.	(24) Wie zahlreich sind deine Werke, JHWH, Sie alle hast du in Weisheit geschaffen! Die Erde ist deiner Geschöpfe voll!

D. Versorgung der Geschöpfe	
Amarnahymnus	*Psalm 104*
(61) (Du) gibst (...) jedem seinen Platz im Leben und sorgst für ihn. (62) Jeder hat Nahrung und seine Lebenszeit ist bestimmt.	(27) Sie alle warten auf dich, dass du ihnen Nahrung gibst zur rechten Zeit. (28) Gibst du ihnen, sammeln sie ein, öffnest du deine Hand, so sättigen sie sich mit Gutem.

E. Tod und Leben der Geschöpfe	
Amarnahymnus	*Psalm 104*
(107) Die Erde entsteht aus deiner Hand, (108) genauso wie ihre Geschöpfe. (109) Gehst du auf, leben sie. (110) Gehst du unter, sterben sie. (111) Du bist die Lebenszeit selbst, (112) weil man von dir lebt.	(29) Verbirgst du dein Angesicht, erschrecken sie, ziehst du ihren Atem zurück, schwinden sie dahin und zu ihrem Staub kehren sie zurück. (30) Sendest du deinen Atem, werden sie geschaffen, und du erneuerst das Antlitz der Erde.

Zuerst Noahs Sintflut-Erzählung und jetzt Davids Psalmen? Hatte denn auch der König David, der damals als Verfasser der Psalmen galt, plagiiert? «Diesmal sogar von ägyptischen Grabwänden? Wurde also vielleicht bei der Entstehung der ganzen Bibel von den Heiligen Texten der alten Hochkulturen abgeschrieben?» So mag sich der ein oder andere Zeitgenosse gefragt haben.

Zunächst einmal stammt Psalm 104 nicht aus der uralten Zeit (Epoche des Königs David). Wie neuere Untersuchungen ergeben haben, sind die Psalmen maximal zwischen dem 8. und dem 4. Jh. v. Chr. zu datieren. Psalm 104 gehört genauer zur Gruppe der Psalmen aus persischer Zeit (5./4. Jh. v. Chr., vgl. hierzu die Forschungen von A. Krüger, Literaturverzeichnis). Eine neue, akkurate deutsche Übersetzung ist ebenfalls von Krüger vorgelegt worden (siehe Kasten). Sie hat im Rahmen einer umfassenden Monographie auch die oben erwähnten Textstellen genau untersucht.

Die verglichenen Stellen (oben) weisen auf den ersten Blick frappierende Ähnlichkeit zum Sonnengesang Echnatons auf. Und in der Tat gibt es ganz allgemein immer wieder zahlreiche Berührungen und Übereinstimmungen der biblischen Texte mit Überlieferungen aus den großen Hochkulturen Ägyptens und Mesopotamiens. Mitunter trifft man auf den Ausdruck, dass die Bibel (genauer hier: das Alte Testament) ein «Best-of Ägyptens und des Alten Orients» ist. Aber nicht jede Textnähe ist sofort ein Plagiat, dass plump abgeschrieben wurde. Experten sprechen in solchen Fällen, wie bei dem hier vorliegenden, von «Traditionsgeschichte». Alte Vorstellungen, Konzepte und Ideen, wie die Welt entstand oder wie Gott die Welt in Balance hält, werden überliefert, also tradiert. Das Entscheidende dabei ist, dass es sich nicht um denselben Wortlaut handeln muss, der in beiden Texten wiedergegeben ist.

Vorstellungen von Schöpfung und Gotteshandeln sind so etwas wie das kleine 1x1 der Religionen. Jede alte Religion hatte eine Meinung darüber und eine entsprechende Geschichte zu erzählen. Diese Geschichten konnten auch wandern. Manche sind an der Ostküste des Mittelmeers von Ägypten bis nach Anatolien (heutige Türkei) gewandert. Andere haben vom Zweistromland (Irak) bis ins Nildelta eine große Strecke zurückgelegt. So erklärt sich, dass an diesen Orten und an ALLEN Stationen dazwischen (Syrien, Libanon, Palästina, Israel, Jordanien) solche alten Narrative präsent waren. Ägypten und das Zweistromland haben den stärksten Einfluss auf diese Region ausgeübt, die später das «Heilige Land» genannt wurde. Es ist das Ursprungsland der Bibel.

Abhängigkeiten und Eigenwege

Es ist also nicht verwunderlich, dass ganz ähnliche religiöse Stoffe im Orient und in Ägypten begegnen. Für die Keilschrift gibt es Hinweise, dass Tontafeln mit dem Gilgamesch-Epos sogar bis nach Palästina/Israel transportiert wurden. Aber auch hier wurde die Idee umgeformt (rezipiert) und mit ganz eigenen Akzenten versehen. Nur noch ein einziger Gott ist in der Geschichte präsent – nicht mehr eine ganze Götterfamilie. Und die große Flut kommt nicht als Strafe über die Menschen wegen ihres Lärmens (Mesopotamien), sondern wegen ethischer Probleme in der Menschheit (1. Buch Mose 4–9). Ganz anders als beim Gilgamesch-Epos und der Sintflut verhält es sich mit Psalm 104 und dem großen Amarnahymnus. Dieser Text aus den Gräbern in Mittelägypten war nur eine sehr kurze Zeit wirklich lesbar: in der Amarnaperiode. Der Text (bzw. Teile hiervon) ist zwar innerhalb dieser Zeit in den Quellen weit verbreitet, und sein Gedankengut und auch dessen Formulierungen sind in den Amarnatexten greifbar, allerdings wurde die Amarnazeit von ihren Nachfolgern negiert. Somit fehlen entscheidende Abschriften und Kopien, die zum Beispiel direkt nach Jerusalem gelangt sein könnten.

Erklärungsmodelle

Eine wörtliche Abschrift, eine Kopie, kommt also im vorliegenden Fall grundsätzlich nicht in Frage. Trotzdem ist von den Forschern im frühen 20. Jh. n. Chr. und einigen vehementen Gefolgsleuten immer wieder propagiert worden, es handele sich um eine Abschrift und es lägen direkte Übernahmen vor. Dies ist aber auch darum nicht plausibel, weil der Gesamtduktus von Psalm104 völlig anders strukturiert ist als der Sonnengesang. Zumeist werden immer nur acht Verse verglichen. Der 104. Psalm aber besteht aus 35 Versen. In diesen sind so viele andere Ideen und Konzepte (enthalten), dass eine direkte Abhängigkeit vom großen Amarnahymnus nur noch sehr schwer mit Argumenten zu vertreten ist. Unter anderem sind typische Traditionen aus Palästina/Israel präsent. Psalm 104 hat also zum Teil eine große lokale Verwurzelung im Land der Bibel. Ganz grundlegend ist noch zu erwähnen, dass die Gottheit in Psalm 104 nicht Aton sondern JHWH heißt und an einigen markanten Stellen eher wie ein lokaler Wettergott und nicht als Sonnen- oder Lichtgott vorgestellt wird.

Quellenfragen

Damit legt sich folgende Interpretation nahe: Auch wenn in vielen religiösen Texten des Mittelmeerraumes Ideen des Amarnahymnus greifbar sind, so sind sie mit hoher Sicherheit nicht von den Grabwänden wortwörtlich übernommen. Vielmehr spiegelt sich in Amarna wie auch in Psalm 104 eine gemeinsame Tradition wider, die im östlichen Mittelmeer beheimatet war. Die vergleichbaren Passagen stellen eine typische im Alten Orient verbreitete Weise der Naturbetrachtung (siehe Beitrag S. 71) dar. Höchstwahrscheinlich spielen die Phönizier eine große Rolle bei der Vermittlung der Texte. Wie viel dieses Kulturvolk aber von den Ägyptern übernahm, ist schwer zu recherchieren. Die phönizischen Texte sind bis auf wenige kaum erhalten. Hier besteht also eine große Wissenslücke, die vorerst nicht aufgefüllt werden kann.

Über unser Verständnis antiker Texte

Auch wenn man in Palästina/Israel in der alten Zeit Keilschrift und Hieroglyphen verstehen konnte, ist doch niemand auf die Idee gekommen, nach Ägypten zu reisen, um einen Grabtext in einem verschütteten Grab für eine Psalmenkomposition abzuschreiben. Vielmehr ließ man sich zur Entstehungszeit des 104. Psalms inspirieren von den vorhandenen Ideen und Konzepten. Und an einer solchen Schöpfungstheologie, wie sie in eben diesem Psalm vorkommt, hatte offensichtlich auch schon Echnaton ein Jahrtausend früher großes Interesse. Dass sich aber über Jahrtausende solche Parallelen (wie die oben genannten) noch deutlich gehalten haben, ist ein kleines Wunder in der Überlieferung. Es zeigt, dass wir der mündlichen und schriftlichen Weitergabe von Inhalten in der Antike viel mehr zutrauen müssen, als man gemeinhin denkt. Während heute schon die Mühe, eine Ballade auswendig zu lernen, vor große Probleme stellt, wurden in der Antike große Stoffe der frühen Weltliteratur von Geschichtenerzählern auswendig rezitiert. Diese Tradition hat sich bis heute in den Kaffeehäusern des Orients gehalten – vorausgesetzt der Geschichtenerzähler wurde nicht von einem Flachbildschirm mit «aktuellen Nachrichten» vertrieben. Aber ein zweiter Gedanke ist hier wichtig: Tradition lebt vom Aufgreifen alter Ideen. Während wir heute das Abschreiben, das Plagiieren, verurteilen, weil jeder Autor das Recht hat, genannt zu werden, war dies damals gänzlich anders. Der Autorenbegriff spielt nur eine verschwindend geringe Rolle. Es waren Kollektive von Schreibern, so genannte Schreiberschulen, die solche großen Werke schufen. Ihre Namen sind nur selten überliefert. Wo kein Autoren-Urheberrecht greift, da entsteht auch kein Zitationsproblem. Wertschätzung und Hochachtung wird durch die Übernahme von großen, wichtigen Ideen zum Ausdruck gebracht. Von einem Abschreiben oder von einem Plagiat bei alten Texten auszugehen, verkennt ihre Entstehungsbedingungen. Durch mehr oder weniger genaue Übernahme wurde das alte Wissen am Leben gehalten. Somit sind auch die biblischen Texte, wie Psalm 104, als Fackelträger zu verstehen, die das alte Feuer weitertragen. Und etliche dieser Feuerstellen liegen im Alten Orient und Ägypten. Mit dieser Vorstellung haben nur die Personen ein Problem, denen die Bibel als reines göttliches Wort gilt, das ohne Abhängigkeiten senkrecht vom Himmel kam. Aber noch nicht einmal die Bibel selbst behauptet von sich «vom Himmel gefallen zu sein» und auch die kirchlichen Autoritäten bezeichnen die Bibel als

«Gotteswort in Menschenwort». Damit ist aber dieses Menschenwort auch immer menschlichen und literarischen Prozessen unterworfen. Und zu diesen Prozessen gehören in der Antike das Anleihe nehmen am vorher Dagewesenen und die Einreihung in eine Traditionskette.

So zeigt sich bei einem genaueren Blick auf den großen Amarnahymnus und Psalm 104, dass es sich nicht um ein Abschreibe-Phänomen handelt, sondern um eine große Tradition der Schöpfungstheologie, die über Jahrtausende existierte und an der viele mitgearbeitet haben. Echnaton hat nicht direkt auf den biblischen Psalter eingewirkt. Vielmehr liefern die beiden Texte ein klassisches Beispiel der Traditionsgeschichte zwischen Ägypten und Israel, das aber durch seine bemerkenswerten Parallelen auch nach Tausenden von Jahren die Lesenden ins Staunen versetzen kann.

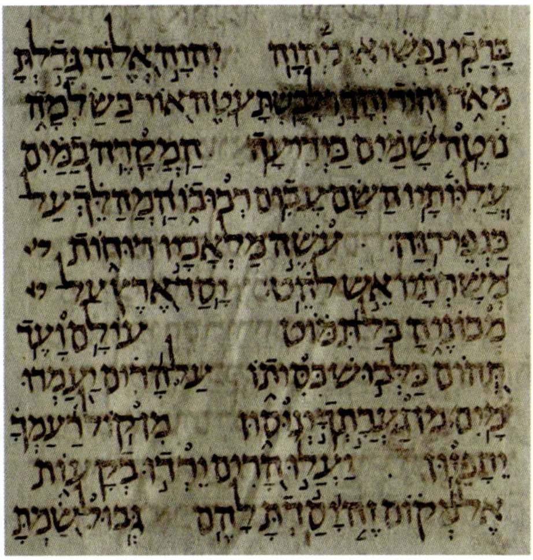

Psalm 104 , 1–8 in einer Abschrift aus dem Codex Leningradensis Anfang des 11. Jahrhunderts

Weiterführende Literatur

Die deutschen Übersetzungen und die Forschungsvergleiche gehen auf Annette Krüger, Hamburg, zurück. Sie hat der Übernahme dankenswerter Weise zugestimmt. Ihr sei hierfür herzlich gedankt.

Krüger, A., Das Lob des Schöpfers. Studien zu Sprache, Motivik und Theologie von Psalm 104 (WMANT 124) Neukirchen-Vluyn 2010.

Bernhardt, K.-H., Amenophis IV. und Psalm 104, MIOF XV (1969), 143-206.

Craigie, P.C., The Comparison of Hebrew Poetry: Psalm 104 in the Light of Egyptian and Ugaritic Poetry, Semitics 4 (1974), 10-21.

Dion, P.E., YHWH as Storm-god and Sun-god. The Double Legacy of Egypt and Canaan as Reflected in Psalm 104, ZAW 103 (1991), 43-71.

Gressmann, H., Psalm 104 und der Psalm Echnatons. Die Bibel im Spiegel Ägyptens, Protestantenblatt Nr. 21, 49. Jg., Berlin / Bremen 1916, 323-329.

Krüger, Th., „Kosmo-theologie" zwischen Mythos und Erfahrung. Psalm 104 im Horizont altorientalischer und alttestamentlicher „Schöpfungs"-Konzepte, BN 68 (1993), 49-74.

Nagel, G., Ã propos des rapports du psaume 104 avec les textes égyptiens, in: W. Baumgartner u.a. (Hg.) Fs A. Bertholet, Tübingen 1950, 395-403.

von Nordheim, E., Der große Hymnus des Echnaton und Psalm 104, SAK 7 (1979), 227-251.

Uehlinger, C., Leviathan und die Schiffe in Ps 104,25-26, Biblica 71 (1990), 499-526.

Köckert, M., Literargeschichtliche und religionsgeschichtliche Beobachtungen zu Ps 104, in: R.G. Kratz / TH. Krüger / K. Sschmid (Hg), Schriftauslegung in der Schrift. FS O.H. Steck (BZAW 300), Berlin / New York 2000, 259-279.

Koller, A., Psalm 104 and Its Parallels in Pharaoh Akhenaten's Hymn, TheTorah.com (2022). https://thetorah.com/article/psalm-104-and-its-parallels-in-pharaoh-akhenatens-hymn (Abrufdatum: 1.7.2022).

Der Text von Psalm 104

(Übersetzung: A. Krüger)

Lobe, mein Leben, JHWH!
JHWH, mein Gott, du bist sehr groß!
Mit majestätischer Herrlichkeit bist du bekleidet,
du hüllst dich in Licht wie in einen Mantel!
Der die Himmel ausspannt wie eine Zeltdecke,
der seine Gemächer in den Wassern errichtet,
der Wolken zu seinem Wagen bestimmt,
der einherfährt auf den Flügeln des Sturms,
der Winde zu seinen Boten macht,
zu seinen Dienern brennendes Feuer.
Er hat die Erde auf ihre Fundamente gegründet,
dass sie nicht wanke für immer und ewig.
Die Urflut bedeckte sie wie ein Kleid,
über den Bergen standen die Wasser.
Vor deinem Drohen mussten sie fliehen,
vor deiner Donnerstimme davoneilen.
Sie stiegen die Berge hinauf, liefen herab in die Täler zu dem Ort, den du ihnen bestimmt hast.
Eine Grenze hast du gesetzt, die sie nicht überschreiten dürfen;
sie kehren nicht mehr zurück, die Erde zu bedecken.
Der Quellen sendet in die Bachtäler,
zwischen den Bergen eilen sie dahin,
zu tränken alle Tiere des Feldes,
es stillen Wildesel so ihren Durst.
Über ihnen wohnen die Vögel des Himmels,
aus dem Laub ertönen ihre Stimmen.
Der die Berge tränkt aus seinen Gemächern,
von der Frucht deiner Werke wird die Erde satt:
Der Gras sprießen lässt für das Vieh
und Pflanzen für die Arbeit des Menschen,
um Nahrung aus der Erde hervorzubringen
und Wein, der des Menschen Herz erfreut,
um das Angesicht von Öl glänzen zu lassen,
und Brot, das des Menschen Herz stärkt.
Es trinken sich satt die Bäume JHWHs,
die Zedern des Libanon, die er gepflanzt hat.
Wo Vögel Nester bauen,
in ihren Wipfeln hat der Storch sein Haus.
Die hohen Berge sind für die Steinböcke,
Felsen als Zuflucht für die Klippschliefer.
Er schuf den Mond als Maß für die Zeiten,
die Sonne, die ihren Untergang kennt.
Du schickst Finsternis und es wird Nacht,
in ihr regt sich alles Getier des Waldes.
Die jungen Löwen brüllen nach Beute,
um von Gott ihre Nahrung zu fordern.
Geht die Sonne auf, ziehen sie sich zurück,
und lagern sich in ihren Verstecken.
Darauf geht der Mensch heraus zu seinem Tun,
und zu seiner Arbeit bis zum Abend.
Wie zahlreich sind deine Werke, JHWH!
Sie alle hast du in Weisheit geschaffen!
Die Erde ist deiner Geschöpfe voll!
Da ist das Meer, groß und unermesslich weit,
dort Gewimmel ohne Zahl,
kleine Tiere mit großen.
Dort ziehen Schiffe dahin,
Leviathan – diesen hast du gebildet, mit ihm zu spielen.
Sie alle warten auf dich,
dass du ihnen Nahrung gibst zur rechten Zeit.
Gibst du ihnen, sammeln sie ein,
öffnest du deine Hand, so sättigen sie sich mit Gutem.
Verbirgst du dein Angesicht, erschrecken sie,
ziehst du ihren Atem zurück, schwinden sie dahin,
und zu ihrem Staub kehren sie zurück.
Sendest du deinen Atem, werden sie geschaffen,
und du erneuerst das Antlitz der Erde.
Die Herrlichkeit JHWHs währe ewig!
JHWH freue sich seiner Werke!
Der die Erde anblickt, und sie erbebt,
er berührt die Berge, und sie rauchen.
Ich will JHWH singen, mein Leben lang,
will meinem Gott spielen, solange ich bin!
Möge ihm mein Dichten gefallen,
ich freue mich an JHWH!
Verschwinden sollen die Sünder von der Erde
und Frevler nicht mehr sein!
Lobe, mein Leben, JHWH!
Halleluja!